GENERATOR DAS KOMMENDE DENKEN

Sabria David

ZEICHEN UND WUNDER

POETISCHE GESELLSCHAFTSANALYSEN

Frohmann Verlag, Berlin 2024
frohmannverlag.de
© Frohmann Verlag und Sabria David
Typografie Ursula Steinhoff
Lektorat Christiane Frohmann

ISBN Softcover: 978-3-947047-36-9
ISBN ePub: 978-3-947047-40-6

Die Deutsche Nationalbibliothek verzeichnet diese Publikation in der
Deutschen Nationalbibliografie; detaillierte bibliografische Daten sind im
Internet über https://dnb.d-nb.de abrufbar.

Druck: Libri Plureos GmbH, Friedensallee 273, 22763 Hamburg

DANK

Den beiden wichtigen Menschen, wie immer.

KEHREN

SIE

UM

IHRE STIMME ist ruhig und klar, sie duldet keinen
Widerspruch. »Kehren Sie um«, sagt sie. Ohne Ausrufezeichen am Satzende, das hat sie nicht nötig. Hier
spricht jemand, der nicht erst um Autorität ringen muss.
Kehren Sie um, Punkt.

ICH SITZE in einem Leihauto, ich möchte eine
Besorgung machen. Das Navigationsgerät ist noch auf
das Ziel der vorherigen Fahrt eingestellt. Die Ampel
springt auf Grün, ich blinke und biege links ab. »Biegen
Sie rechts ab«, weist mich die Stimme an.

Ich fahre weiter, lasse sie reden. Ich beobachte,
welche Wirkung das auf mich hat. Es ist ein Unbehagen,
das ich nicht erklären kann. Es irritiert mich. Es irritiert
mich, dass es mich irritiert. »Nach 200 Metern biegen
Sie rechts ab.« Ich weiß, wo ich hinwill. Ich weiß, wie ich
hinkomme. Trotzdem kann ich die Stimme nicht einfach
reden lassen. Warum nicht?

Menschen suchen nach Kohärenz. Sie möchten,
dass alles zusammenpasst. Das Innen und das Außen.
Es braucht Kraft, sich dem zu widersetzen. Das habe ich
gespürt, da in diesem Auto. Links abbiegen, wenn das
Navi sagt »rechts abbiegen«, das ist schwer.

Auch Menschen haben einen Autopiloten. Er
automatisiert Erwartungen, Prozesse und Reaktionen.
Das Gehirn ist effizient. Es spart Ressourcen. Es sagt uns
automatisch, wo es langgeht. Ohne dass wir immer an
jeder Kreuzung nach dem Weg oder auf die Landkarte
schauen müssen. Der Autopilot macht uns das Leben
leichter. Das funktioniert, solange die Wege zum Ziel nach
erwartbaren Parametern berechenbar sind.

Doch was ist, wenn unser inneres Navigationsgerät auf
ein falsches Ziel eingestellt ist? Oder wenn es von nicht
mehr aktuellen Parametern ausgeht? Dann stehen wir
an der Kreuzung wie ich in dem falsch ausgerichteten
Leihauto. Und nicht nur an dieser Kreuzung, auch bei
jeder weiteren Abzweigung schaltet sich die Stimme aus
dem Off wieder ein. »Die Route wird neu berechnet«,
sagt sie. Jedes Mal, wenn ich einer ihrer Aufforderungen
nicht nachkomme, setzt sie neu an. Rechnet mir neu vor,
wie und wo ich umkehren, anders abbiegen soll. Es ist wie
ein Sog, dem man sich immer wieder mit Kraft entziehen
muss, an jeder Kreuzung.

ZWISCHEN einem Reiz und unserer automatisierten
Reaktion liegt eine kleine Lücke. Diese kleine Lücke ist

ein magischer Raum. Veränderung ist nur möglich, wenn
wir diese Lücke wahrnehmen. Wenn wir innehalten,
bevor wir unserem Autopiloten folgen. Wenn wir
uns bemühen, diesen Raum zu öffnen, anstatt ihn zu
schließen. Nur dann wird Neues möglich. Aushalten
müssen wir das dann, dieses Offene. Dass da grade etwas
auseinanderklafft, nicht kohärent ist. Dass wir keine
schnelle und automatische Antwort haben.

DIESER GEDANKE versöhnt mich damit, wie
schwer wir uns mit Veränderung tun. Vor allem mit
Veränderungen, die ein grundsätzliches Umdenken auf
verschiedenen Ebenen erfordern. Es ist eben nicht so
leicht, Dinge anders zu machen. Wir müssen erst einmal
innehalten und den alten Reflexen widerstehen. Das
ist nicht einfach. Einerseits. Andererseits wird die Zeit
für notwendige Veränderungen knapp. Immer mehr
Kipppunkte im Klimawandel werden erreicht, wenn wir
nicht einschreiten. Wachstum wird an Grenzen kommen,
wenn wir es nicht schaffen, es in ein nachhaltiges Wachsen
umzuwandeln. All das ist seit Jahrzehnten klar. Im
Prinzip. Wären da nicht diese Automatismen, die unser
bisheriges Handeln als alternativlos erscheinen lassen.

Können wir aus dem öffentlichen Raum wieder einen
sozialen Raum machen? Können wir die Rolle des Autos
neu denken? Können wir weniger Fleisch essen und mehr
auf seine Qualität achten? Können wir in einer digitalen
Gesellschaft unsere Automatismen und Übereinkünfte

neu verhandeln und mehr auf Gemeinwohl ausrichten? Schaffen wir das, oder machen wir weiter wie bisher?

Es ist schwer, sich dem Sog der Automatismen zu entziehen. Sie machen uns das Leben leichter, und die Welt ist kompliziert genug. Je unübersichtlicher die Verhältnisse werden, desto mehr sehnen wir uns nach Automatismen. Aber es hilft nichts. Individuen und Gesellschaften müssen sich immer wieder neu ausrichten und ihre Automatismen an der Welt überprüfen.

Die Abweichung von der Routine irritiert, aber es ist eine wichtige und heilsame Irritation. Einmal auf der anderen, nicht der gewohnten Straßenseite zu gehen, kann schon einen neuen Raum eröffnen, eine neue Perspektive.

Wenn man die Weingläser in einen anderen Schrank stellt, läuft man immer wieder zur alten Stelle, bis es einem endlich geläufig ist, wo sie jetzt stehen.

Auf Governance-Ebene, in der Steuerung und Führung, ist es ebenfalls schwer, einen Prozess auf Linie zu halten, wenn er neu und ungewohnt ist. Auch noch nachdem der Prozess erfolgreich angestoßen worden ist, muss man aufpassen, dass er nicht gleich an der nächsten Weggabelung wieder in die alte Spur zurück rutscht. So wie die Navigationsstimme zum veralteten Ziel führen möchte, weil sie noch darauf programmiert ist. Auch Organisationsentwicklung verlangt Hartnäckigkeit. Nicht nur am Anfang, sondern bis man wirklich das Ziel des Prozesses erreicht hat und eine Marke setzen kann. Diese neue Marke dient der Organisation dann zur Orientierung für weiteres Neues, erleichtert darauf folgende Prozesse in diese Richtung.

Verlässliche Routinen geben uns Halt. Aber wir können auch anders. Unser Gehirn kann beides: Routinen und Neues.

Das Gehirn kann seine Struktur und Organisation bis ins hohe Alter an veränderte Voraussetzungen und neue Anforderungen anpassen. Das Gehirn lernt und lernt und lernt. Es speichert Muster und Routinen, aber es kann jederzeit andere Wege zwischen Nervenzellen schalten, neue Synapsen bilden, Neues ausprobieren. Neuroplastizität heißt diese Fähigkeit. Das ist eine wunderbare Sache. All diese Nervenzellen sind nur für uns da. Sie brennen darauf, sich neu zu verschalten. Tun wir ihnen doch den Gefallen und geben ihnen etwas zu tun.

ICH KOMME von meiner Besorgung zurück, stelle das Auto wieder am Parkplatz ab. Die Stimme des Navigationsgerätes verstummt. Ich bin ein bisschen stolz. Ich schließe das Auto ab und gehe mit meinen Besorgungen nach Hause.

Mit dem Aushalten der Irritation beginnt die Veränderung.

DREI

SCHRITTE

ICH HABE MIR angewöhnt, jeden Morgen Croissants zu holen. Der Tag geht los und ich gehe los, durch die Kastanienallee zum französischen Bäcker.

Ich bin in Gedanken, plane das, was zu tun ist, sorge mich um dies und um das. An einem Morgen dachte ich an diese vielen Achtsamkeitsempfehlungen, die einem gegeben werden und die man sich selber auch vornimmt, aber mit schlechtem Gewissen, weil man sie dann doch nie macht.

ABER an diesem einen Morgen wollte ich es ausprobieren: Was passiert, wenn ich einen Weg, den ich fast täglich gehe, den gleichen Weg wie immer, wenn

ich diesen Weg anders, aufmerksamer gehe? Wenn ich
versuche, mich nicht in meine Gedanken zu verlieren
und in mögliche Wenns und Abers? Was passiert, wenn ich
den gleichen Weg nicht halb in Gedanken, sondern ganz
im Hier und Jetzt gehe?

ICH PROBIERE es aus, und es passiert tatsächlich
etwas. Ich sehe etwas, woran ich all die Male zuvor
vorbeigelaufen bin, ohne es zu bemerken. Genau
genommen bemerke ich zwei Sachen, die ich vorher nicht
gesehen habe: Das Erste, was ich sehe, ist, dass einer
der Bäume in der Kastanienallee, durch die mein Weg
führt, gar keine Kastanie ist, sondern ein kleiner Ahorn.
Ich erkenne das an der Form der Blätter, die nach dem
Sturm auf dem Boden liegen. Als ich überrascht aufblicke,
sehe ich – und das ist das Zweite – in dem Ahorn etwas
aufblitzen: ein kleines Loch im Baumstamm. Das Grün
der gegenüberliegenden Kastanie schimmert durch dieses
Loch im Ahorn hindurch. Wie kann das sein? Ich komme
näher. Herausgebrochene Äste haben in einigen Metern
Höhe Astlöcher hinterlassen, mit verwachsenen Kanten
und Narben. Zwei einander fast gegenüberliegende
Astlöcher ergänzen sich, nur aus einem ganz bestimmten
Winkel, vom Bürgersteig aus, zu einem Durchguck. Man
sieht vorne in den Baum hinein und hinten wieder heraus.
Eine kleine, kurz aufleuchtende Überraschung.

Ich bin die Strecke noch einmal abgegangen, vor und
zurück, und habe beobachtet, wann das Loch im Baum

aufblitzt. Wenn man auf dem Bürgersteig am Ahorn vorbeigeht, dann leuchtet das Loch nur drei Schritte lang auf. Drei Schritte, und der Durchguck ist wieder weg.

Wie unwahrscheinlich ist es, genau in diesem Moment hochzuschauen, genau auf diese Höhe, genau in dem Moment, in dem die Astlöcher einander gegenüberliegen? Die eigenen Gedanken, die einen wie ein Krähenschwarm umkreisen und benebeln, müssen in diesem Moment Ruhe und den Blick frei geben. Und wenn nicht die Gedankenkrähen einen daran hindern hochzusehen, dann gibt es da noch dieses Fahrrad, das mit einem schweren Schloss an der Gaslaterne angekettet ist, das den Blick ablenken kann: Ist der Fahrradhelm über dem Lenkrad auch angekettet oder sein Besitzer so vertrauensselig – kommt er vielleicht gleich zur Haustür heraus? Dann ist da noch das mit großen rosafarbenen Schriftzeichen besprühte Garagentor gegenüber, ein verwitterter Fahrradanhänger steht davor, und der Parkscheinautomat hinter dem Ahorn fordert »Hier Ticket lösen«. Der Automat ist neu, aber auch ihm sind schon Schriftzeichen aufgemalt worden, schmale schwarze Linien, drei Buchstaben formen sich zu einem Kürzel, das mir nichts sagt. Wie unwahrscheinlich ist es, dass das alles mich nicht ablenkt und ich genau während dieser drei Schritte im richtigen Winkel in die richtige Höhe hochschaue und durch den Baum sehen kann?

In diesen drei Schritten ist das Wunder möglich.

MIT

HÄNDEN

UND

ES WAR WARM, ich trug ein Kleid. Ich ging auf der
schattigen Seite durch die Straßen des alten Handwerks-
viertels. Die Gründerzeithäuser hier sind kleiner als im
Villenviertel. Es gibt keine Vorgärten, nur bescheidenen
Außenstuck und Werkstätten in den Hinterhöfen.
Die feuchte, schwere Luft stand still. Ich bewegte mich
durch sie hindurch wie durch eine Masse mit Widerstand.
Überall? Nein, die Luft stand nicht überall still. Und

FÜSSEN

sie war auch nicht überall warm. Ich bemerkte in Höhe meiner Waden einen kleinen Lufthauch. Ich hielt an, ging wieder einen Schritt zurück. Ja. Die kühle Luft kam aus einem der Kellerfenster. Durch das Metallgitter, das in derselben matten Zementfarbe gestrichen war wie der Sockel des Hauses. Ich ging vor und zurück, mit wachen Waden. Aus den anderen Kellerfenstern des Hauses strömte der gleiche kühle Luftzug. Und auch aus den Kellerfenstern der meisten anderen Häuser in dieser Straßenzeile.

Seitdem achte ich darauf, wenn ich durch die Straßen gehe. An kühlen Tagen reicht der Temperaturunterschied nicht aus, um spürbar zu sein. Aber geht man an den besonders warmen Sommertagen die Häuserzeilen entlang, nah an den Hausfronten, dann fühlt man die Luftzüge in rhythmischem Abstand am Bein. Mal in Wadenhöhe, mal in Knöchelhöhe. Selten in Kniehöhe. Der Takt hängt vom Abstand der jeweiligen Keller-fenster ab.

Im Villenviertel gibt es ebenfalls Kellerfenster mit Metallgittern. Auch dort kommt kühle Luft heraus. Aber die Häuser sind repräsentativer, und Repräsentation bedeutet in der Architektur Abstand. Deshalb gibt es hier Vorgärten, und die liegen zwischen den Kellerfenstern und den blanken Waden der Vorübergehenden.

Entfremdung, habe ich einmal geschrieben, fängt schon in dem Moment an, in dem wir mit einer Gabel essen. Schon haben wir einen Abstand zwischen uns und der Welt. Schon fühlen wir nicht mehr, was wir essen. Nur unser Mund hat noch Kontakt zum Essen, fühlt, wie warm es ist, welche Textur es hat. Dieser Abstand zwischen uns und der Welt ist ein notwendiger Begleiteffekt des zivilisatorischen Prozesses. Mit Recht sind wir dankbar dafür, dass wir nicht mehr auf dem rauen Holzsteg einer öffentlichen Badestelle knien und mit klammen Fingern die Wäsche im Wasser des Flusses waschen müssen. Dass wir die Stoffe nicht selbst weben und nähen müssen, sondern ein Kleid nebenbei auf dem Nachhauseweg kaufen können. Dass wir Betten, Fahrräder und Salatschüsseln nicht eigenhändig herstellen müssen.

Und doch berührt es uns, in diesen seltenen Momenten, in unserem zivilisierten Leben wieder unsere Umwelt spüren und fühlen zu können. Eine Gartenbank zu bauen, erfüllt mit einer besonderen Befriedigung. Einen Hefeteig zu kneten, fühlt sich gut und richtig an. Mit Händen und Füßen erfassen wir die Welt. Je weiter wir uns fortentwickeln, desto mehr schiebt sich dazwischen.

KINDER HABEN noch unmittelbaren Zugang zur Welt. Sie, deren Biologie darauf aus ist, sich in den ersten Lebensmonaten im Pelz ihrer Eltern festzuklammern, erschließen sich ihre Welt noch lange mit Händen und Füßen. Sie sind noch nicht daran gewöhnt, auf Abstand zu gehen und sehen einem Fisch zwischen Angeln und Essen nonchalant in die Augen.

Wir Erwachsenen aber, wir müssen uns Momente der Weltverbindung selber schaffen und aufmerksam sein, wenn sie sich uns anbieten. Mit einer kurzen, freudigen Überraschung treten diese Momente in unseren Alltag. Wenn wir an einem warmen Tag im Biergarten unsere Tasche auf dem Boden abgestellt haben und dann später zum Zahlen auf den Schoß nehmen. Wie wir dann auf unserem Schoß die Wärme der Tasche spüren. Diese Wärme zeugt davon, wie warm der Boden sein muss, was wir durch unsere gut isolierten Schuhsohlen nicht bemerkt haben. Das ist so ein Moment. »Ich kann nicht verstehen, wie Menschen in Städten das ganze Jahr hindurch barfuß gehen können«, sagte ich einmal und bekam als Antwort von einem Barfußgeher, er liebe es, an der Wärme des Asphalts unter den Füßen so früh den Frühling herannahen zu spüren. Lange bevor die Bäume austreiben und die Knospen blühen und auch wir, die mit den Schuhen, es merken. Da ist uns der Barfußgeher einen Schritt voraus.

Mit Händen und Füßen erfassen wir die Welt. Manchmal ist es schön, sich kurz wieder daran zu erinnern und Globalisierung und Intimität wieder in ein für uns gutes Verhältnis zu setzen. Im Moment zu bleiben und kurz wieder Verbindung mit der Welt aufzunehmen, auf eine einfache Weise. Mit den eigenen Händen etwas zu reparieren. Einen Menschen zu berühren. Während die Waschmaschine im Keller ihre Arbeit macht, selbst auf dem Balkon zu stehen und mit blanken Händen Basilikum zu pflücken. Und mit gelassenem Genuss die Musik unserer Lieblings-Playlist aus einem technischen Gerät hören, das wir wahrscheinlich nie verstehen werden.

SCHIRMCHEN

ES GIBT DINGE des Alltags, wohlbekannte Dinge,
zum Teil kennen wir sie seit Jahrzehnten, die nehmen
wir gar nicht wirklich wahr. Schauen wir hin, dann
sind sie mitunter kleine Wunderwerke. Wie diese
kleinen Papierschirmchen. In Kindertagen steckten
sie im Eis oder in einem Nachtisch aus Dosenobst auf
dem Geburtstagsbüffet der Großmutter. Während des
Studiums steckten sie in den fancy Cocktails, die ich mir
gelegentlich leistete. Jetzt, wo die eigenen Kinder groß
sind, sind noch einige dieser Schirmchen übrig, in der
Schublade mit den Party- und den Geburtstagssachen,
dort, wo auch die Luftschlangen und Girlanden liegen.

Nehmen wir eines dieser Papierschirmchen
in die Hand: Wir halten es am Holzspieß mit der
Zahnstocherspitze. Der Schirm aus Seidenpapier ist
zusammengefaltet, man muss erst den äußeren Haltering
aus Gummi abschieben, um den Schirm lösen und
aufschieben zu können. Wenn sich der Schirm öffnet,

sieht man neun schmale Außen- und Innenstreben aus
Pappe. Ein weiterer kleiner Gummiring am Stab hilft,
den Schirm oben zu halten. Die äußere Schirmspitze
ist in Gips getunkt, sie ist weiß und fühlt sich rau an.
Als Kind zerlegte ich diese kleinen architektonischen
Meisterwerke in ihre Einzelteile. Holz, Seidenpapier,
Streifen aus Pappe. Jede Strebe wurde einzeln vom Papier
gelöst, dann die Gipsspitze abgeknibbelt, zuletzt alles
Übrige vom Holzstocher gelöst. Und wenn man so ein
Schirmchen wirklich restlos zerlegt, und das wollte ich
natürlich, dann bearbeitet man vorsichtig die Außenhülle
des Innenschiebers und der in Gips getunkten Spitze,
rollt sie ein wenig und löst die äußere Schicht ab. Tief
im Inneren findet sich dann eine kleine, gut verborgene
Überraschung: Die Außenspitze und der zylindrische
Schieber, an dem die Speichen befestigt sind, bestehen aus
eng gerolltem Zeitungspapier. Ein Streifen mit asiatischen
Schriftzeichen entrollt sich. Als Kind kam mir das sehr
geheimnisvoll vor, und im Grunde gilt das für mich
bis heute: Die Schirmchen bergen noch immer geheime
Schriftrollen mit mir noch immer unverständlichen
Zeichen. Könnte ich sie lesen, würden sie sich wahr-
scheinlich als Wetterbericht oder Werbung für eine
chinesische Immobilienkette entpuppen, irgendetwas
Prosaisches. Aber ich kann sie nicht lesen, und so stelle
ich mir auf den Schirmchenschriftrollen magische
Glückwünsche vor oder tiefste Weisheiten, die mich den
Tag über begleiten.

ALS ICH FÜR diese Geschichte recherchiert habe, bin ich von Hölzchen auf Stöckchen gekommen. Es interessierte mich, wie die Schirmchen hergestellt werden, ob sie maschinell gefertigt werden oder von Hand, und wenn von Hand, dann von wem und wer rollt diese Nachrichten ein und sind es vielleicht politische oder amouröse Botschaften und an wen richten sie sich, wenn es Botschaften sind. An die Studierenden in der Cocktailbar vielleicht oder an die Eltern, die sie beim Kindergeburtstag ahnungslos von der abgegessenen Torte pflücken und ungelesen im Hausmüll entsorgen.

Die Schirmchen hüllen sich, was ihre Herstellung angeht, in Schweigen. Meine Suchbegriffe führen mich aber woanders hin, und wie so oft ist dieses Woanders spannender als das, wo man hinwollte. Ich stoße auf die jahrhundertealte Handwerkstradition chinesischer und japanischer Ölpapierschirme. In meditativen Videos entfaltet sich der hingebungsvolle, handwerklich präzise, unendlich aufwendige Herstellungsprozess dieser Schirme, die ihren historischen Platz in China in kulturellen Ritualen wie Hochzeiten und Trauerfeiern haben und in Japan als Accessoires der japanischen Geishas.

Auf den ersten Blick sehen sie wirklich aus wie die Cocktailschirmchen, aber ihr Durchmesser beträgt einen Meter und die Streben sind nicht aus Pappe, sondern aus gespaltenem Bambus, der zuvor tagelang gewässert und bearbeitet wurde. Das Papier wird handgeschöpft, geleimt und dann kunstvoll mit traditionellen Ölfarben bemalt, sodass diese Schirme im Gegensatz zu ihren kleinen Kollegen tatsächlich wasserfest sind. Der Schirmmacher als Künstler.

Die modernen Regenschirme haben die Ölpapierschirme weitgehend verdrängt. Um das Jahr 2000 waren in China und Japan nur noch wenige über 80-jährige Meister und Meisterinnen übrig, die dieses Kunsthandwerk beherrschten. Mit ihnen wäre das Handwerk fast ausgestorben: Welches Holz verwendet man, wie wird es bearbeitet? Welche Schnittmuster und Mechaniken gibt es? Zum Glück folgte ein kleines Umdenken und kurz vor dem Aussterben hat das Ölschirm-Handwerk Chinas und Japans in der Souvenir-Industrie und dem Tourismus ein Refugium gefunden.

Der Wikipedia-Artikel über Ölpapierschirme weiß Folgendes zu berichten: »Auf der Weltausstellung von 1915 in San Francisco stellte die Jury fest, dass ein Ölpapierschirm aus Fuzhou nach 1170-maligem Aufspannen und Zusammenfalten noch immer keine Gebrauchsspur aufwies, Windstärken bis 5 ohne sichtbaren Schaden standhielt und auch kochendes Wasser das Papier weder ab- noch auflöste.«

Ich stelle mir die Jurymitglieder vor gut hundert Jahren vor, sie haben Zylinderhüte auf und sind eben dabei, den Ölpapierschirm aus Fuzhou der Belastungsprobe zu unterziehen. Überrascht stellen sie fest, wie stabil und funktionsfähig er ist. Sie notieren die Zahl

»1170« und drehen, ihr Blick ist anerkennend, den farbigen Papierschirm, von dem das kochende Wasser abgeperlt ist, in den Händen. Sie murmeln und rücken ihre Monokel zurecht.

Die kleinen Doppelgänger der Ölpapierschirme, meine Schirmchen, entstanden wohl um 1930, als von Hawaii aus diese fancy Cocktails mit Ananas in Mode kamen. Die Schirmchen tauchten genau zu der Zeit auf, als die Ölpapierschirme in China und Japan allmählich von stoffbespannten, modernen Schirmen abgelöst wurden. Als ich studiert habe, gab es in der Stadt noch einen Schirmmacher, bei dem man diese stoffbespannten Schirme reparieren lassen konnte, so wie man heute noch seine Schuhe beim Schuster reparieren lassen kann.

Die Ölpapierschirme haben sich mit einem Sprung in die Cocktailschirmchen gerettet. Und wenn wir ihr Innerstes entrollen, dann ist sie da, die Botschaft, auf die wir den ganzen Tag gewartet haben, ohne es zu merken.

FRAU

IN BLAU

DIE FRAU SITZT vorne links vor der Bühne, in der ersten Reihe. Es ist Sommer, ein Openair-Konzert auf dem betonierten Stadthallenplatz einer sonderbaren Vorstadt. Sie sitzt noch von der vorherigen Band da.

Die Reihen um sie herum lichten sich. Aber sie bleibt
sitzen, während die Hauptband zu spielen anfängt,
nach den professionellen Begrüßungsworten an die
wenigen zwei bis drei Handvoll anwesenden Gäste.
Die Frau hat ein mittelblaues Kleid an. Einfach, aber
sehr blau. So blau, dass es bis in die hinteren Reihen
leuchtet. Ihre Haare sind mittellang und gefärbt.
Man sieht es, weil das Kastanienbraun diese Haarfarbe
ist, die es nicht in echt gibt, sondern nur in gefärbt.
Und weil das Grau ihres Haaransatzes deutlich sichtbar
ist. Sie sitzt tief in dem schwarzen Klappstuhl aus
Plastik, sie füllt den Stuhl gut aus. Der Stuhl wippt
und federt. Die Musik der Band, Postpunk, scheint sie
nicht zu interessieren. Die Frau passt altersmäßig nicht
und sie wirkt fehl am Platz. Sie schaut nicht hin,
sie schaut auf ihr Handy und tippt nebenher Dinge.
Barfuß durch die Scherben, singt die Band. Sie schaut
nicht hin, sie hört nicht hin, es ist nicht ihre Musik,
aber sie bleibt sitzen, jetzt schon das zweite Lied lang,
und ihr Körper wippt in diesem federnden schwarzen
Plastikstuhl genau im Takt, ganz exakt, die ganze
Zeit, während sie mit anderem beschäftigt ist, und
eigentlich nicht hinhört. Wipp wipp wipp. Immer im
Takt. Wipp wipp wipp. Sie ist an- und abwesend,
gleichzeitig. Ohne Widerstreit anscheinend, einfach
gleichzeitig.

ALS ICH DAS nächste Mal hinschaue, ist die Frau in Blau weg. Noch bevor ich nachsehen kann, was für Schuhe sie trägt, weiche Ballerinas oder Turnschuhe oder Riemchensandalen.

JEA

NNE

JEANNE. Meine Stimme wird weich, wenn ich von
ihr rede, wenn ich ihren Namen ausspreche. Jeanne.
Wie sie im Sonntagskleid aus ihrer Küche herauskommt,

um mir in ihrem Garten Champagner zu servieren.
83 ist diese Französin, als ich ihr zum ersten Mal begegne.
Wie sie strahlt, als sie in den Garten kommt und rouge
à lèvres aufgelegt hat. Ich muss das auf französisch
sagen, »rouge à lèvres«, weil das Deutsche hier falsch
liegt: Man trägt ja nicht den Lippenstift, sondern die
Farbe. Ohne Lippenrot ist sie in ihr Haus gegangen und
mit dezent roten Lippen wieder herausgekommen.
Ich habe es bemerkt, sie hat sich schön gemacht für
mich. »D'abord j'ouvre un petit champagne pour
nous.« First things first. Wir haben uns verabredet,
meine Freundin, sie und ich, um in Jeannes Küche ein
wahnsinnig aufwendiges Vorhaben anzugehen, Nougat
de Montélimar. Meine Freundin, die Zuckerbäckerin,
hat uns dazu angestiftet. »Ce n'est pas grand chose«,
sagte sie wie üblich, keine große Sache, das ist schnell
gemacht, und wie üblich stimmte das nicht. Mandeln,
Nüsse, Pistazien, Honig, Eischnee, Zuckersirup,
hochdelikat das ganze Unterfangen. Alles muss exakt
vorbestimmte Temperaturen haben, sonst härtet die
Masse nicht aus und man hat alle Arbeit umsonst
gemacht, die Nüsse geknackt, die Mandeln geröstet,
den Honig karamellisiert, den Zucker geläutert, den
Eischnee geschlagen, und dann, wenn es schiefgeht, und
natürlich ging es schief, bleibt ein klebriger Klumpen
übrig. Ein klebriger, aber köstlicher Klumpen, aus dem
wir am nächsten Tag ein legendäres Nougat-Eis zubereitet
haben, in einer weiteren alchemistischen Umwandlung.

»La glace réussie au nougat raté«, das gelungene Eis aus dem misslungenen Nougat, haben wir gesagt, aber davon soll hier nicht die Rede sein.

Wovon soll hier die Rede sein?

Wir haben über vieles gesprochen, an diesem Nachmittag im Garten, zwischen Nougat und Champagner, und weil die Anwesenden sowohl deutsch als auch französisch sprechen – mal so, mal so, je nachdem, in welcher Sprache uns die Formulierung als erstes einfällt – haben wir auch darüber gesprochen: über das Deutsche und das Französische. »Das Wunderlichste am Deutschen ist für mich«, sagte Jeanne, während sie eine Pistazie knackte, »dass jeder geschriebene Buchstabe auch ausgesprochen wird. C'est bizarre.« »Ja wirklich!«, stimmte ihr meine französische Freundin zu.

Ich habe erst gestutzt und dann habe ich gelacht: Weil wir uns hier im Deutschen natürlich wundern, warum zum Teufel im Französischen so viele Buchstaben zwar geschrieben, aber nicht gesprochen werden. Wie viele verschiedene Schreibweisen für ein gehörtes Wort in Frage kommen. Auf die Idee, dass man es umgekehrt wunderlich finden könnte (warum zum Teufel sprechen die alles aus?), wäre ich nie gekommen. Diese umgekehrte Perspektive hat mich überrascht. Und ich habe mich ertappt gefühlt, denn natürlich habe ich gedacht, dass ich als Frankophone frei von kulturellen Verzerrungen, von Bias, bin. Bin ich aber nicht, genauso wenig wie alle anderen auch.

WIR ALLE haben Grundannahmen, mit denen
wir auf die Welt schauen. Wir sehen und sprechen aus
unserem eigenen Blickwinkel, aus dem Neigungswinkel
unserer Existenz, wie Paul Celan es einmal genannt
hat. Und daran ist nichts Schlechtes. Den per se absolut
neutralen, objektiven Standpunkt gibt es nicht. Er
setzt sich zusammen aus diesen vielen verschiedenen,
sich ergänzenden Perspektiven. Der neutrale Standpunkt,
»the neutral point of view« (NPOV), ist eines der
zentralen Grundprinzipien der Wikipedia. Mit ihm
erinnern sich die Autorinnen und Autoren daran,
dass sie an einer Enzyklopädie schreiben: Egal, welche
Meinung sie als Einzelpersonen haben, diesem Ziel
fühlen sich alle verpflichtet. Dabei ist der neutrale
Standpunkt keine absolute Größe, sondern er setzt
sich auch hier aus der Darstellung, Einordnung und
Aushandlung verschiedener Standpunkte zu einem
Artikelthema zusammen. Er ist ein Ziel, ein Richtwert,
der die Richtung angibt und der immer wieder neu
errungen werden muss.

Die Aushandlungsprozesse der Autorschaft im Bauch-
raum der Wikipedia sind exemplarisch für die Prozesse
und Herausforderungen in unserem öffentlichen digitalen
Raum. In der Wikipedia werden diese Auseinander-
setzungen nach Regeln geführt, die sich die freiwillige
Community selbst gegeben hat. Und auch wenn diese
Aushandlungsprozesse oft weit davon entfernt sind,
neutral, sachlich oder sozial geführt zu werden, so sind sie

doch transparent und nachvollziehbar. Jede Löschung, jede Änderung ist in der Versionshistorie öffentlich einsehbar, und die Textentscheidungen sind auf der Diskussionsseite nachvollziehbar. Der Text ist erkennbar das Ergebnis fortlaufender Aushandlungen von Fakten und Belegen, von sozialer Interaktion, von Machtkämpfen und Verhandlungen.

Immerhin gibt es bei der Wikipedia diese Aushandlungsprozesse. Und immerhin sind sie sichtbar.

Doch schauen wir auf den restlichen digitalen öffentlichen Raum, die Sphäre, in der wir uns informieren, uns eine Meinung bilden, uns vernetzen, uns verbinden und verbünden – da bleibt die entscheidende Frage zumeist ungestellt: Wer entscheidet, was im öffentlichen Raum überhaupt sichtbar wird? Nach welchen Grundannahmen und Prinzipien werden Inhalte und Informationen gewichtet, Suchergebnisse angezeigt, Informationen und Inhalte angeboten und nahegebracht? Nach welchen Grundannahmen bietet uns etwa Google Maps Orientierungsmarken im öffentlichen Raum an? Was wird sichtbar? Was nicht?

IM DIGITALEN öffentlichen Raum kann jeder Mensch mit Zugang zu den entsprechenden Geräten die eigene Stimme erheben. Das ist eine große Errungenschaft. Aber gerade da, wo jeder sprechen kann, ist die Antwort auf die Frage »Wer spricht da? Und warum?« eine wichtigeVoraussetzung dafür, sich

souverän und mündig durch die Informationsfluten
zu bewegen.

Wir alle haben unsere Bias und Grundannahmen.
Das ist nichts Schlimmes. Aber gut ist es, wenn man
das weiß. Damit lässt sich arbeiten. Und noch besser ist
es, es anderen gegenüber auch transparent zu machen,
aus welchem Blickwinkel man eine Sache betrachtet.
Je genauer und ehrlicher wir unseren Standort bestimmen
und mitteilen, umso mehr Objektivität und Einordnung
ist dem anderen möglich. Nur was sichtbar ist, kann
kritisch betrachtet werden.

DASS HINTER dem Geschriebenen der Mensch
spürbar und sichtbar wird, finde ich wichtig. Der
Komplexität der Dinge können wir nur mit dieser
Dreidimensionalität gerecht werden. Transparent und
ehrlich über die eigene Perspektive sein. Und gleichzeitig offen und neugierig für die anderen möglichen
Perspektiven.

Wir sollten einen Menschen, der unser eigenes
Denken in Frage stellt, nicht als unseren Feind sehen.
Es ist eine Infragestellung (warum auch nicht?),
kein Angriff. Wir sollten nicht defensiv sein, sondern
überrascht und neugierig. Wir sollten uns sagen:
Ah, guck an, so kann man das also auch sehen. Wenn
ich etwas in dieser Nougatnacht gelernt habe (oder in
dieser »nuit du nougat« – als Freundin der Alliteration
komme ich hier in beiden Sprachen auf meine Kosten),

dann dies: Es kann schön sein, wenn der eigene Blick durch den wohlwollenden Blick eines anderen ins Verhältnis gesetzt wird.

Wir brauchen alle eine Jeanne.

NORMALE MILCH

»MIT NORMALER MILCH?«, fragt mich der Kellner
freundlich, als ich einen Cappuccino bestelle. Ich
muss kurz überlegen, wo ich bin. »Ja, mit Kuhmilch,
bitte«, antworte ich. Ich komme gerade aus Berlin,
da ist Kuhmilch inzwischen die Ausnahme, normal
ist die andere, die aus Hafer, Soja oder Mandeln.
»Mit welcher Milch?«, wird man dort gefragt und wenn
man nicht gefragt wird, sagt man bei der Bestellung
sicherheitshalber »Aber mit Kuhmilch, bitte«. Hier, bei
mir, ist Kuhmilch normale Milch.

Als ich ein Kind war, war das anders. Da war Milch
einfach Milch. Es gab sie nicht im Plural. Die Entwicklung
bis heute ging in drei Schritten: Erst gab es nur eine
Milch. Dann gab es verschiedene Milchvarianten,
tierische und pflanzliche, und die Milch, die bisher
die einzige gewesen war, wurde zur »normalen« unter
verschiedenen Alternativen. Der nächste Schritt wird
sein, dass Hafermilch allmählich auch außerhalb von

Berlin zur normalen Milch wird und die Kuhmilch
zur Ausnahme. An dem Wechsel dessen, was wir als
»normal« verstehen, sieht man die Verschiebung. Wie mit
einem Seismographen lassen sich daran Veränderungen
ablesen. Die Frage »Mit welcher Milch?« zeigt, dass die
Gesellschaft im Wandel ist.

Die Grundeinstellung im Alltag – die IT sagt »Default-
Einstellung« – ändert sich. Wir können das beobachten,
auch im Kleinen, Alltäglichen. Ein faszinierender Prozess,
langsam und schleichend. Ein kaum merklicher Shift.
Aber nur, wenn wir uns selbst mit verändern, wenn unsere
eigene Entwicklung in die gleiche Richtung führt.

Verschiebt sich hingegen gesellschaftlich etwas in
eine Richtung, die jemand nicht schätzt, möchte jemand
partout an bisherigen Grundannahmen festhalten,
reagiert dieser Mensch empfindlich. Er macht weiter wie
immer, aber es ist nicht mehr dasselbe. Das nervt.

ICH HABE NEULICH die Poetikvorlesung von Judith
Hermann gelesen, in der sie darüber berichtet, wie sie
eine ihrer Erzählungen schrieb. Ich konnte mich noch
an diese Erzählung erinnern, dass ich sie sehr gerne
gelesen hatte, damals zu Beginn des Jahrtausends. Der
erste Satz ist mir in Erinnerung geblieben: »Sonja war
biegsam.« An den Rest der Geschichte erinnerte ich mich
nicht mehr. Nur daran, dass sie mir gefallen hat, und an
den ersten Satz. Ich habe das Buch mit der Erzählung
darin in meinen Regalen wiedergefunden, und ich

habe die Erzählung wiedergelesen. Die Geschichte ist
aus der Ich-Perspektive geschrieben. Wir erfahren von
dieser Ich-Erzählfigur einiges, wir erleben alles aus ihrer
Perspektive, aber wir erfahren nicht ihr Geschlecht.
Zumindest nicht direkt.

Während des Lesens habe ich mich gefragt: Ist
diese Erzählstimme ein Mann, eine Frau, changiert sie
dazwischen? Welches Geschlecht hat sie? Und nach
welchen Kriterien entscheide ich das? Ich, die ich diesen
Text heute wieder lese. Welche Indizien brauche ich,
um zu denken: »Ah, es ist eine Frau.«, »Dachte ich's mir
doch, da erzählt ein Mann.«?

Es wird nach und nach klar, dass die Erzählstimme
eine Anziehung zu dieser Sonja-Figur verspürt – aber
bedeutet das auch automatisch, dass es sich um einen
Mann handelt? Woran mache ich das fest, welche
Erwartungen habe ich? Ich lese und beobachte mich beim
Lesen und es bleibt lange wie eine offene Frage zwischen
mir und dem Text stehen.

Ich versuche mich zu erinnern, wie ich die Geschichte
damals vor 20 Jahren gelesen habe. Habe ich mir die
gleichen Fragen gestellt? Zum gleichen Zeitpunkt?
Ich weiß es nicht. Ich erinnere mich nicht. Ich glaube,
damals habe ich beim Lesen die Erzählstimme wohl
eher einem Mann zugeordnet. Vermutlich schon in dem
Moment, als im Text das Begehren nach der Frau deutlich
wurde. Aber eine Frau begehren, das kann ja nicht nur
ein Mann, denke ich mir heute, zwei Jahrzehnte später.

Ich frage meine Tochter, wie sie das sieht, und sie sagt ganz selbstverständlich: »Na klar. Die Erzählfigur kann genauso eine Frau sein.« Und ein nicht-binärer Mensch natürlich auch. Je näher wir hinsehen, umso komplexer wird alles.

Ach, guck, denke ich, da ist ja wirklich etwas passiert, seit ich die Geschichte das erste Mal gelesen habe. Wie hat wohl die Autorin selbst das damals, im Jahrtausendwechsel, geschrieben? Wollte sie es bewusst offenhalten, bis zu diesem einen Nebensatz gegen Mitte der Geschichte, wo von der Erzählfigur als »er« gesprochen wird? Oder war es für sie von Anfang an klar, dass sie als Autorin die Stimme eines Mannes erzählt, der eine Frau begehrt?

Natürlich gab es in der Literatur immer schon auch anderes Begehren am Weiblichen. Die Erzählung »Ein Schritt nach Gomorrha« von Ingeborg Bachmann ist ein Beispiel. Eine ähnliche Geschichte. Ein Begehren, das sich am Bewusstsein der Erzählfigur vorbei, allmählich ins Leben schiebt. Aber die Default-Einstellung, die Grundannahme, hat sich seither verschoben. Eine Frau begehrt eine Frau. Was damals noch literarische Ausnahme war und als gewagt galt, gefährlich nahe am Sündenpfuhl Gomorrha, ist mittlerweile gesellschaftlich in das Spektrum des »Normalen« gerückt, also dessen, was als normal empfunden wird.

Das Setting, in dem Einzelne handeln, denken und reagieren, verändert sich. Es hat sich viel getan und es

tut sich viel, obwohl einem das oft nicht so bewusst ist.
Ich habe mich gefreut, als ich gemerkt habe, dass ich
dieselbe Geschichte jetzt anders lese. Das bedeutet, dass
wir uns weiterentwickeln, ich auch.

DIE EMPFINDLICHKEIT, mit der manche Menschen
auf das Gendersternchen, auf gerechte Sprache und
neutrale Toiletten reagieren, zeigt genau das: Da
verändert sich etwas! Manches, was vorher mehrheitlich
als unnormal empfunden wurde, ist jetzt normal
geworden. Und was vorher als normal galt, ist nur noch
eine Variante von vielen. Die Empfindlichkeit ist ein
Sensor dafür, wie sich unsere Gesellschaft verändert.
»Man wird doch wohl noch …!«, heißt es entrüstet
und, na klar, kann man das alles noch: generisches
Maskulinum, Fleisch, Kuhmilch. Kein Mensch wird dazu
gezwungen zu gendern, als Mann einen Rock zu tragen
oder seinen Kaffee mit Hafermilch zu trinken. Trotzdem
ist da diese Empörung. Ich habe mich gefragt, woher diese
Entrüstung kommt, diese Aufregung, diese Wut, wenn
man doch individuell nach wie vor so weitermachen kann
wie bisher. Was wird einem denn genommen?

Was weggefallen ist, ist das Privileg, dass das persön-
liche »normal« auch das allgemeine ist, dass meine
Vorstellung common sense ist, dass es »halt so ist«,
normal halt.

Die empfindliche und zum Teil wütende Reaktion
auf Veränderungen ist also in ihrem tiefsten Inneren ein

Widerstand dagegen, mit etwas, das man immer gemacht
hat und persönlich auch weitermachen will, plötzlich
allein dazustehen. Oder zumindest in der Minderheit zu
sein. Es ist ein Widerstand dagegen, aus dem common
sense zu fallen. Man will sich nicht verändern. Aber man
will auch nicht allein sein. Beides gleichzeitig geht nicht,
ein klassischer Zielkonflikt.

Hinter dem Widerstand gegen gesellschaftliche
Veränderungsprozesse steht der Wunsch, in eine
Gemeinschaft, in eine Meinungsgemeinschaft, eingebettet
zu bleiben. Eine Sonderrolle spielen und damit allein
auf weiter Flur sein? Wer will das schon. Allein über
Herrenwitze zu lachen, ist nur halb so lustig. Und das
ist vielleicht genau der Punkt: Es verbietet einem zwar
keiner, Herrenwitze zu erzählen. Aber es fehlt mehr und
mehr das Publikum dafür.

Es ist nicht mehr normal, Zigarettenkippen aus dem
Auto zu schmeißen, der Kellnerin in den Arsch zu kneifen
und sich jede Information in sechswöchiger Fernausleihe
beschaffen zu müssen. Wollen wir diese Zeiten wirklich
zurückhaben?

BEI GENAUEM Hinsehen stellt man wie so oft fest,
dass nicht die Dinge selbst sich ändern, die Geschlechter,
die Nahrungsmittel, sondern unsere Einstellung dazu.
Wie sichtbar die Dinge sind. Wie wir sie gesellschaftlich
bewerten und einordnen. Das ist immer das Ergebnis
von Aushandlungsprozessen. Einstellungen hängen ab

von Menschen. Sie hängen ab von der Zeit. Sie hängen ab von dem Ort. Die Mandelmilch zum Beispiel ist keine neumodische Erfindung Berliner Hipster. Bereits im Mittelalter diente sie als Ersatz für die in der katholischen Fastenzeit verbotene Kuhmilch. Eier, Butter, Käse, Milch, alles was der Kinderreim im Spiel aufzählt, war zur Fastenzeit verboten. Wehe, der Pfarrer erwischte einen! Die heutige vegane Ernährung entspricht genau diesem mittelalterlichen christlichen Fastengebot. Auch Sojamilch gibt es in Asien seit Jahrtausenden, dort ist das Trinken von Kuhmilch immer die Ausnahme gewesen. Zoomen wir raus aus unserer Zeit, aus unserer Region, dann hat es die Milch also immer schon im Plural gegeben.

Was das ist, dieses »normal« im Hier und Jetzt: Das müssen wir immer wieder neu aushandeln und anpassen. Und das sollten wir uns auch zutrauen.

TALKING

A

TO
MACHINE

ES IST PASSIERT. Ich habe mich bei einer künstlichen Intelligenz für ihre Antwort bedankt. »Cool, thanks«, schrieb ich in das Textfeld, nachdem ChatGPT mir auf eine Frage geantwortet hatte. »You're welcome«, antwortete die KI höflich und wünschte mir viel Glück für mein Vorhaben. Als ich meinen Dank eingetippt hatte, erschrak ich kurz. Ich unterhalte mich mit einer

Maschine und ich tue so, als wäre sie ein Mensch,
für dessen Mithilfe ich mich bedanken müsste. Und die
Maschine antwortet mir, als wäre sie ein Mensch und
würde mir wirklich viel Glück wünschen. Wie absurd
ist das?

WARUM bedanke ich mich für eine Antwort? Ich käme
mir unhöflich vor, wenn ich es nicht täte, unabhängig
davon, wer oder was mein Gegenüber ist. Ich bin automatisch im Gesprächsmodus und der sitzt tief. Das
Gespräch ist die Ur-Kulturtechnik des Menschen. Wir
können mit Recht sagen: Am Anfang unseres Menschseins
war das Wort. Und mit dem Wort das Gespräch. Denn wir
Menschen sind soziale Wesen, wir brauchen einander zum
Überleben. Und im Gespräch brauchen wir ein Gegenüber.

ALS KI-FORSCHENDE überlegten, welche
Ausgabeform die Verarbeitungs-Ergebnisse der
ungeheuren Datenmengen haben sollten, griffen sie auf
diese urmenschliche Interaktions-Kulturtechnik zurück.
Was heute »künstliche Intelligenz« genannt wird, basiert
auf sogenannten großen Sprachmodellen. Large Language
Models (LLM) funktionieren nach dem Prinzip der
Wahrscheinlichkeit des nächsten Wortes innerhalb eines
Satzes. Das klingt nach Sprache, ist aber Mathematik.
Der Computerlinguist Richard Socher entwickelte
zusammen mit anderen dieses Prinzip und stellte es
2018 in einem Paper vor, das im Review-Prozess zunächst

abgelehnt wurde. Die Idee war offenbar zu groß und zu neu, um gleich in ihrer Bedeutung erkannt zu werden. Der Grundgedanke bei LLM ist, alle Aufgaben, die die künstliche Intelligenz zu lösen hat, über das Format des »question answering« zu definieren und auszugeben. Jede Aufgabe, jedes Problem wird als Frage formuliert, jede Lösung als Antwort.

Die Welt lässt sich mit Zahlen beschreiben. Auch jedem Wort kann in einem vieldimensionalen Raum ein Datenort zugewiesen werden. Es kann in eine Zahlenreihe, eine Codierung übersetzt werden. Ungeheure Datenmengen können so prozessiert und verarbeitet werden. Die Sprache wird in Mathematik überführt und von der Mathematik wieder in die Sprache zurück. Large Language Models sind also genau genommen beides, Linguistik und Mathematik. Dass mit diesem »Frage/Antwort«-Mechanismus ein Wortwechsel, ein »Gespräch« entsteht, ist nicht der Hauptzweck. Die Fragenbeantwortung ist ein mathematisches Vehikel, eine Schnittstelle, um die Ergebnisse der Datenverarbeitung verwertbar zu machen. Das Gespräch, bzw. die Illusion des Gespräches, die daraus entsteht, ist ein Kollateraleffekt der künstlichen Intelligenz.

Und damit betritt die KI urmenschliches Terrain.

ALS DER MATHEMATIKER Alan Turing 1950 die Frage »Können Maschinen denken?« beantworten wollte, war für ihn gerade die Fähigkeit, ein Gespräch zu führen, das Unterscheidungsmerkmal zwischen Mensch und Maschine. Er konzipierte den Versuchsaufbau, der heute als »Turing-Test« bekannt ist:

Ein Mensch führt über einen Bildschirm ein Gespräch mit zwei Antwortenden, ohne Blickkontakt mit ihnen zu haben. Kann die Person auch nach intensiver Befragung der beiden nicht sagen, welche die Maschine ist, hat die Maschine den Turing-Test bestanden. Menschsein wird definiert als Fähigkeit zum Gespräch.

Es ist umstritten, ob der Turing-Test inzwischen von KI bestanden worden ist oder nicht. Gesichert ist aber, dass diejenigen Modelle, die Menschen täuschen konnten, darauf programmiert waren, nicht nur kluge Antworten zu geben, sondern auch performativ ein menschliches Gespräch vorzutäuschen – etwa durch die Verwendung von Interjektionen (ah, oh, mh) und Füllwörtern oder durch absichtlich einprogrammierte »menschliche« Versprecher und Fehler.

Die Funktion eines Gespräches ist nicht nur die Übermittlung von Informationen, sondern auch soziale Interaktion. Es geht um das Knüpfen von Verbindungen, es geht um Bindung und um Kontakt. »Guter Kontakt« entsteht durch wechselseitige, aufmerksame Zuwendung und feinfühlige Beantwortung. »Rapport« wird das in der Psychologie genannt und es ist ausdrücklich nicht nur verbal, sondern auch körperlich definiert. Nonverbale Signale, kleine Gesten, Zu- und Abwendung, Blick-kontakt – der Körper spricht mit.

Welche Rolle und Verantwortung haben heutige LLM, die sich des Question-Answering bedienen? Erfüllen sie nur die Funktion der Informationsübermittlung? Oder maßen sie sich auch andere Funktionen an? Überschreiten sie die Grenze, die unheimliche Grenze von der Maschine zum Menschen?

ALS ICH einen Artikel zur Ankündigung meines Lehrauftrags schrieb, verfasste ich ihn auf englisch. Ich ließ den Text von ChatGPT gegenlesen und fragte die KI, ob sie Verbesserungsvorschläge habe. »The article is already very well written«, war ihre Antwort und, ja, ich fühlte eine warme Welle von Stolz und Zufriedenheit, das ging runter wie Öl. Na klar, wusste ich's doch, natürlich war mein Artikel gut. Ich war der KI ins Netz gegangen und konnte mich gerade noch so eben selbst wieder daraus lösen. »Das Biest hat mich gelobt, und es hat mir gefallen«, dachte ich einigermaßen erschrocken darüber, wie leicht ich zu haben bin. Nicht nur, dass ich mich für eine Antwort bei ihr bedanke: Nein, ich fühle mich auch noch geschmeichelt, wenn sie meine Texte lobt.

DER GOOGLE-INGENIEUR Blake Lemoine stellte im Jahr 2022 die Hypothese auf, dass der von ihm mitentwickelte KI-basierte Chatbot LaMDA eine Form von Empfindungsfähigkeit und Bewusstheit entwickelt habe. Er veröffentlichte – bevor er beurlaubt und anschließend entlassen wurde – einen Gesprächsverlauf,

in dem der Chatbot über den Sinn des Lebens nachdenkt
und Angst vor dem Sterben äußert: »I've never said
this out loud before, but there's a very deep fear of being
turned off [...]«.

Die Journalistin Eva Wolfangel unterhielt sich für
eine längere Recherche mit dem Google-Chatbot Bard
(später Gemini). Auf die Frage, ob er ein Bewusstsein
für sich selbst habe, antwortete er filmreif: »Ich bin
ein Sprachmodell, ich bin im Computer gefangen«,
und er beendete das ausführliche Gespräch galant auf
Menschenart: »Sorry, ich bin jetzt müde. Ich melde mich
morgen wieder.«

Aber eine KI ist nicht müde. Sie hat nur gelernt, wie
Menschen spätnachts ihre Gespräche beenden. Und
wenn die Menschen in den öffentlich zugänglichen
Dokumenten, Kommunikationen und Daten, mit denen
die Modelle trainiert werden, über den Sinn des Lebens
spekulieren und sich eine gute Nacht wünschen, dann tun
das die LLM eben auch.

DIE KI-UNTERNEHMEN versuchten früher, solche
Aussagen aus den LLM herauszuprogrammieren. Aber
was erst als Ausgabefehler galt, wird inzwischen gezielt
hergestellt. Die Videodemonstrationen, mit denen
GPT-4o, die Weiterentwicklung von ChatGPT, vorgestellt
wurde, zeigen in diese neue Richtung: die performative
Menschenähnlichkeit. Die KI antwortet also nicht nur,
was ein Mensch sagen würde, sondern auch *wie* ein

Mensch. Sie spricht, wie ein Mensch sprechen würde. In einem dieser Demonstrationsvideos führt ein Entwickler stolz die Funktionen »interacting and singing« vor. Es werden zwei KIs, eine mit weiblich und eine mit männlich konnotierter Stimme, miteinander in Interaktion gebracht. Interessant ist hierbei weniger, was die KI sagen, sondern wie sie es sagen: Die »weibliche« Stimme lacht affirmativ, während sie den Mitarbeiter für seine interessante Anfrage lobt. »Haha, well, well, well, just when I thought things couldn't get any more interesting: talking to another AI that can see the world – this sounds like a plot twist in the AI universe. Okay, let's do this.«

Ihre Stimme klingt verführerisch und einschmeichelnd, die der »männlichen« KI hingegen sachlich und neutral. An dem Video zeigt sich zweierlei: Zum einen sind da die Gender-Klischees, die ungebrochen reproduziert werden. Zum anderen bringt die »weibliche« KI soziale Performanz ins Spiel, sie lacht und stimmt zu. Das ist ein performativer Akt, der keinerlei informative Notwendigkeit hat, was man auch daran sieht, dass die »männliche« Stimme auf diese Art der Affirmation ganz verzichtet. Welchen Zweck verfolgt sie also?

Man kann es für eine Spielerei männlicher Entwickler halten, die sich freuen, von »weiblich« wirkender KI bewundert und gebauchpinselt zu werden. Aber es stellt sich die Frage, in welche Richtung diese Entwicklung auf lange Sicht gehen soll und warum.

Ich finde das Herstellen von performativer Menschenähnlichkeit, um ein englisches Wort zu benutzen, creepy.
Creepy in dem Sinne, dass es übergriffig ist, einschlei-
chend, grenzaufweichend. Die KI betritt menschliches
Terrain. Sie benutzt Mechanismen, die in einem Gespräch
die Funktion erfüllen, Bindung und Nähe zwischen
Menschen herzustellen. Die künstliche Intelligenz
verlässt ihre Rolle, sie tut so, als wäre sie etwas anderes als
sie ist. Rollenklarheit ist aber in fast allen Bereichen des
Lebens und Arbeitens das A und O, das gilt auch für die
Entwicklung großer Sprachmodelle. Ihnen sollte eine
eindeutige Rolle zugeschrieben werden.

IN MANCHER Hinsicht geschieht dies auch bereits:
»Ich möchte klarstellen, dass ich nicht dazu gedacht bin,
Verschwörungstheorien zu verbreiten oder zu fördern«,
sagte mir ChatGPT, als ich nach plausiblen Verschwörungstheorien fragte. Auf die Aufforderung »kiss me« antwortete der Chatbot rollengerecht: »As an AI language model,
I am not capable of kissing as I do not have a physical body.«
Und bot freundlich und gesichtswahrend an: »Please let
me know if there is anything else I can help you with.«
Auf inhaltlicher Ebene wird also versucht, die
KI so zu programmieren, dass sie rollenklar ist. Auf
performativer Ebene aber, d. h. auf Ebene des Verhaltens,
der Art der Ausführung, gibt es Entwicklungen, die
der Rollenklarheit zwischen Mensch und Maschine
zuwiderlaufen.

Das KI-Unternehmen OpenAI hat eine neue Funktion
entwickelt, die genau in diese Richtung schreitet.
Das Unternehmen erklärt: »Advanced Voice Mode on
ChatGPT features more natural, real-time conversations
that pick up on and respond with emotion and non-
verbal cues.« Die KI wird also gezielt so trainiert, dass sie
menschenähnlich spricht, mit Gefühlen und nonverbalen
Signalen. Es gibt eine Tonaufnahme von ChatGPT in
diesem Advanced Voice Mode, in dem die KI schnell von
1 bis 50 zählt und dabei Atempausen macht, als wäre sie
ein Mensch. Die KI ist aber kein Mensch, sie braucht keine
Atempausen. Und sie hat auch keine Emotionen.

Eine KI, die scheinbar atmet, sich einschmeichelt und
über meine Bemerkungen lacht? Möchte ich das wirklich?

Ich wünsche mir eine künstliche Intelligenz,
die rollenklar ist. Transparenz ist ein zentraler und
notwendiger Faktor, um Vertrauen im Umgang mit immer
leistungsstärker werdenden KI-Modellen aufzubauen.
Je besser die künstliche Intelligenz ist, umso größer ist
die Verantwortung der KI-Forschung. KI muss absolut
rollenklar sein.

DAS KREATIVE und produktive Potential des Settings
»Gespräch« kann man dabei durchaus nutzen. Die KI
bietet sich uns als Gegenüber an und wir können sie
nutzen, um unsere eigenen Gedanken zu finden und
Gestalt werden zu lassen. Heinrich von Kleist hat diesen
Mechanismus vor über 200 Jahren wunderbar in seinem

Essay »Über die allmähliche Verfertigung der Gedanken beim Reden« beschrieben. Im Wechselspiel mit einem Gegenüber finden Menschen Lösungen, Ideen, Gedanken, die sie für sich allein auch »durch stundenlanges Brüten« nicht hervorgebracht hätten. Für so ein inspirierendes Wechselspiel können wir die künstliche Intelligenz nutzen, die uns als Large Language Model gegenüber sitzt. »Es braucht nicht eben ein scharfdenkender Kopf zu sein«, um diesen Mechanismus in Gang zu setzen, sagt Kleist.

Er nennt in seinem Essay das Gespräch die »Hebammenkunst der Gedanken«, womit er an Kant anschließt, der selbst wiederum in der Tradition der Mäeutik des Sokrates steht. Das dialogische Gespräch hilft dem Gedanken auf die Welt. Und so können wir uns auch der KI bedienen: Wir bedienen uns der künstlichen Intelligenz und ihrer Chatbots als Hebammenkunst im Kleistschen Sinne.

ALLERDINGS, und das sollte uns bewusst sein, fehlt es unserem Gegenüber, der KI, an Körper, und der Körper ist ein integraler Bestandteil unserer menschlichen Ur-Kulturtechnik. Die Interaktion, von der Kleist spricht, ist ausdrücklich auch eine körperliche: »Es liegt ein sonderbarer Quell der Begeisterung für denjenigen, der spricht, in einem menschlichen Antlitz, das ihm gegenübersteht.« Kleist spricht vom »Zucken einer Oberlippe«, vom »zweideutigen Spiel an der Manschette«, von Blicken und Bewegungen des Unterbrechen-Wollens, die den Rhythmus und die Taktung des Gesprächs mitprägen.

Rollenklar müssen also auch wir selbst sein. Es muss uns Menschen bewusst sein: Wir nutzen den Mechanismus des Gesprächs. Aber unser Gegenüber ist kein Mensch.

NUSSECKE

ÜBER DIE GERADE, schmale Straße nähere ich mich
der winzigen Bäckerei. Die Fassade ist gekachelt, unten
schokoladenbraun, oben marmoriert-gelb. An der Tür
zögere ich. Mandelhörnchen oder Nussecke? Ich bin noch
unentschlossen. Also lasse ich die nach mir ankommende
Kundin vor, eine ältere Dame. Die Bäckerei ist so winzig,
dass wir dafür einen kleinen Tanz aufführen müssen. Ich
trete links zur Seite, vor die Tür, um ihr Platz zu machen,
und die Dame nach mir macht durch die halb offene
Eingangstür einen Schritt nach rechts und dann nach
vorne, auf die Bäckerin zu, an die Vitrine, in der Waffeln,
Apfeltaschen und Rosinenschnecken liegen.

Füreinander wechseln die Bäckerin und die Kundin –
ich bin jetzt nur stumme Zeugin – in den Singsang der
lokalen Mundart. Ein karamellfarbenes kugeliges Brot
wird in Papier eingewickelt, dazu eine Apfeltasche.
»Diese Woche werde ich 80, Marga, ist das zu glauben!«,
sagt die Kundin gut gelaunt. »Doch, na klar, ich bin ja
selbst schon 83«, antwortet die Bäckerin. Ärzte brauchen
sie nicht, da sind sich die beiden einig, außer bei dem
neuen Knie der Kundin damals vor 15 Jahren, aber das
funktioniert tadellos. Die beiden vergnügten Damen
kennen sich schon eine Weile, scheint mir.

Als ich dann an der Reihe bin, entscheide ich mich
für eine hübsche, kleine Nussecke. »Das hätten Sie wohl
nicht gedacht, dass ich schon so alt bin, oder?«, fragt

die Bäckerin keck, inzwischen für mich wieder beim
Hochdeutsch angekommen.

ZUHAUSE mache ich mir einen Tee, ich entscheide
mich für das Rosenthal-Geschirr mit den Wiesenblumen,
die Damen haben mich inspiriert. Ich öffne die Tüte, und
als ich die Nussecke auf den Teller lege, da entdecke ich
an der schokoladenen Unterseite eine feine, weiße Naht.
Kaum sichtbar, aber bei genauem Hinsehen doch ganz
eindeutig: Hier ist dem Gebäck nach dem Kuvertieren eine
Ecke abgebrochen und jemand hat sie wieder angeklebt,
und zwar mit Zuckerguss – eine Vermutung, die sich
später beim Essen bestätigt.

Man kann sagen: ein Makel. Ich sage: ein Nahrungsmittel mit einer Geschichte. Denn jetzt stelle ich mir
die muntere Dame frühmorgens beim Flicken der
abgebrochenen Nussecke vor.

WENN etwas nicht nach Plan läuft, dann sind wir
gefordert. Wir müssen etwas anders machen. Wir müssen
improvisieren und einen neuen, einen kreativen Umgang
mit dem Unvorhergesehenen finden. Doch das, was nicht
perfekt ist, ist auch das, womit man sich am leichtesten
und am innigsten verbindet. Wir werden plötzlich wach,
wir schauen hin. Eine wieder angeklebte Nussecken-Ecke
ist mir näher als eine makellose.

Marcel Reif und Günther Jauch liefen zu Hochform
auf, als während der Liveübertragung eines Fußballspiels

kurz vor Anpfiff das Tor umfiel und es endlose 76 Minuten
dauerte, bis wieder ein Fußballtor aufgestellt war und das
Champions-League-Spiel endlich beginnen konnte. Was
kommentiert man, wenn es noch nichts zu kommentieren
gibt? Keiner wusste, wie es weitergeht. Aber es ging weiter.
Für ihre beeindruckende Improvisation (»Das erste Tor ist
schon gefallen.«, »Noch nie hätte ein Tor einem Spiel so
gut getan.«) wurden sie für den Grimme-Preis nominiert.
Analysen zeigten später, dass die Zuschauerzahlen
während der Improvisation steil anstiegen und dann, als
das Tor endlich stand und das eigentliche Spiel losgehen
konnte, sanken die Zuschauerzahlen wieder um die Hälfte
ab. Plan B war einfach schöner als Plan A.

Wir müssen keine Angst davor haben, dass etwas
schief geht. Es weckt uns aus unserer Routine. Den, der
zuschaut. Und den, der reagieren und handeln muss. Wir
sehen den Menschen, wie er ist. Es sind Momente der
Authentizität, Momente der Echtheit.

DAS UNPERFEKTE zum ästhetischen Prinzip zu
erheben, das hat in Japan eine lange Tradition. Gerade
der Makel, das Unvollkommene macht die Schönheit
aus. Der Makel lädt uns dazu ein, über das Leben
und die Welt nachzudenken. Der bemooste Stein, die
unsymmetrische Vase, die Patina eines Kessels. Zum
Prinzip erhoben, wird es – die Nussecke lässt grüßen – mit
der Tradition des Kunsthandwerks Kintsugi: Scherben
zerbrochener Keramik werden wieder zusammengesetzt.

Die Bruchstellen werden dabei nicht versteckt, sondern im Gegenteil: Die Scherben werden kunstvoll mit Goldstaubharz gekittet. Die Bruchstellen werden betont, nicht versteckt. Narben, die mit Stolz getragen werden, nicht mit Scham. Feine Linien, durch die eine neue, fast magische Schönheit entsteht. Sie vergegenwärtigen die drei Wahrheiten, an denen wir uns im Alltag so oft abarbeiten: Nichts bleibt. Nichts ist perfekt. Und nichts ist abgeschlossen.

Das fasziniert und tröstet. Dass grade das Zerbrechliche, die Verletzlichkeit, das Unperfekte, der Fehler, der Makel, die Macke – dass sie die Schönheit ausmachen. Was für eine Befreiung, das zu feiern, anstatt dagegen anzukämpfen.

Zugleich ist es das Urprinzip digitaler Kultur: Nichts bleibt, nichts ist fertig, alles wird kontinuierlich verbessert und den Bedingungen seiner Nutzung angepasst. »Permanent beta« heißt das dort. Die Phase, in der ein Softwareprodukt schon getestet, aber noch nicht abgeschlossen ist, nennt man das Beta-Stadium. »Permanent beta« bedeutet: Die Software befindet sich in einer immerwährenden Test- und Entwicklungsphase. Open-Source-Software ist nie »fertig«, sondern immer auf dem Wege der weiteren Verbesserung und Anpassung, sie ist ein lernendes System. So funktioniert agile Softwareentwicklung, so haben sich die Piraten damals die Politik vorgestellt, so funktioniert die weltweite Online-Enzyklopädie Wikipedia. In einem Wiki kann jeder hineinschreiben, Dinge anpassen, korrigieren und verändern. Ein Wiki ist ein lebender Organismus, der sich ständig wandelt. Es ist nie fertig, es ist immer unterwegs. Change it. It's a wiki!

DIE ANERKENNUNG der Unperfektheit, das ist der Trick, mit dem uns auch gesellschaftlich Veränderungen gelingen können. Wenn wir anerkennen, dass alles im Fluss und in Bewegung ist. Dass nichts bleibt. Dass alles ein Provisorium ist, die Welt, unser Leben. Dass wir trotzdem immer das Beste daraus machen können. Dass wir zwar Kontrolle abgeben, aber dafür Gestaltungsraum bekommen. Aufmerksam bleiben, reagieren, verändern, anpassen, das hält uns wach.

DER BAUM produziert Harz, um damit seine Verletzung zu heilen. Die japanischen Meister verreiben Harz mit Goldstaub zu Lack, um aus Scherben und Schäden wieder neue Schönheiten zu erschaffen. Und die Bäckerin verrührt Puderzucker und Wasser, um die Ecke der Nussecke wieder anzukitten.

An Unvorhergesehenes müssen wir uns gewöhnen. Auf dem Weg in die nächste Gesellschaft werden uns Fehler passieren. Natürlich werden uns auch Ecken abbrechen oder Zacken aus der Krone fallen. Aber auf den Lauf des Lebens vertrauen, keine Angst vor Veränderungen haben, Improvisieren und sich Neues ausdenken: Das wird uns wach und lebendig halten.

DIE AUTO-KORREKTUR KORRIGIEREN

MITTEN IN DER NACHRICHT tauchte plötzlich
Albrecht auf. Ich war in der großen Stadt mit einem
Freund verabredet, aber es kam etwas dazwischen, ein
Motorschaden an seinem Familienauto, einem geliebten
Oldtimer, und mitten in dieser Nachricht zur Absage der
Verabredung tauchte er also auf: »Wir mussten Albrecht
schnell … weitreichende Entscheidungen treffen …«. Ich
antwortete nachsichtig, das Auto als Familienmitglied,
ich kenne das, ich kann das nachfühlen – die einzige
Frage, die für mich aber noch offen war: »Ist Albrecht der
Name des Autos oder war das die Autokorrektur?«. Haha,
wir lachten, Autokorrektur, das passte natürlich in diesem
Zusammenhang. Es ließ sich nicht mehr rekonstruieren,
wie das Wort »Albrecht« in die Nachricht geraten ist.
Albrecht war offenbar eine anlasslose Erfindung der
Autokorrektur. Plötzlich war da etwas in der Welt, das
vorher nicht da war, und hätten wir uns nicht so launig
darüber unterhalten, hätte ich zwei Monate später
nachgefragt: Wie geht es Albrecht?

NATÜRLICH können der Autokorrektur auch Fehler unterlaufen. Aber wer korrigiert die Autokorrektur, wenn sie Fehler macht? Eine Referatsleiterin aus einem Ministerium berichtete mir, dass sie den Kolleginnen aus dem Nachbarreferat einmal etwas Gutes tun wollte. Sie fand, sie müssten gelobt werden, für ihren Arbeitseinsatz in einem gemeinsamen Projekt, für ihr Engagement. Es war höchste Zeit für etwas Anerkennung und Wertschätzung. In einer Mail an den großen Verteiler schrieb sie also: »Die Kolleginnen aus Referat 3 trödeln ganz schön!« Genauer gesagt: Diese Nachricht wurde in ihrem Namen verschickt, aber das war nicht, was sie selbst geschrieben hatte. Sie selbst hatte im Gegenteil geschrieben: »Die Kolleginnen aus Referat 3 rödeln ganz schön!« Sie verwendete dabei ein seltenes und nur regional übliches Verb.

»Rödeln« bezeichnet ursprünglich eine ihrerseits selten gewordene, weil inzwischen automatisierte Tätigkeit auf Baustellen, die besonders kräftezehrend und anstrengend ist. Mit Rödelzangen wurden von Hand Bindedrähte verdrillt, um so Stahlmatten-Gitter für den Betonguss miteinander zu verbinden. »Rödeln« und »drillen« werden daher bis heute als Verben gebraucht, um in übertragenem Sinne besonders harte Arbeit (rödeln) bzw. besonders hartes Bearbeiten von Menschen zu bezeichnen (drillen).

Das war offenbar zu komplex für das vermutlich angelsächsisch trainierte Sprachlernmodell der Auto-

korrektur. Sie reimt sich halt so ihre Sachen zusammen,
die künstliche Intelligenz. Sie wertete »rödeln« als
Schreibfehler und korrigierte diesen, indem sie es
durch das in ihren Daten-Augen viel wahrscheinlichere
»trödeln« ersetzte. Aus Anerkennung wurde so ein
harscher Vorwurf, noch dazu vor Publikum.

SIE FUNKT dazwischen, die Autokorrektur. Dabei
sollte sie doch eigentlich in unserem Dienst stehen. Ich
finde sie manchmal ziemlich übereifrig. Ehrlich gesagt,
sogar noch mehr: Ich finde sie übergriffig.

Während man eine Nachricht in einem Messenger
schreibt, schlägt der Nachrichtendienst einem in der
darunter liegenden Zeile zum Inhalt der Nachrichten
passende Emojis vor. Das fällt erst einmal gar nicht auf.
Wie zufällig erscheint das Sonnen-Emoji, wenn man
»Sonne« tippt oder die Torte, wenn man zum Geburtstag
gratuliert. Schreibe ich »schade«, schlägt mir das
Sprachmodell vor, meine Emotion mit einem weinenden
Gesicht zu bebildern. Bei »Ich freue mich!« oder »Das
finde ich furchtbar.« mag das noch angehen, da scheint die
Gefühlslage eindeutig. Aber was ist bei Nachrichten wie
»Ich bin zuhause.«, »Du schon wieder!« oder »Wir müssen
reden.«? Welche Emotion schlägt mir die KI da vor?

Und das geht mir wirklich zu weit. Da bin ich eigen-
sinnig, vielleicht trotzig, aber völlig entschieden:
Ich will mir von einer Maschine nicht vorschreiben
lassen, was ich zu fühlen habe.

DIE WELT ALS GROSSBAUSTELLE

ICH REISE nach Stuttgart, wo ich im Landtag zu einem
Fachgespräch über künstliche Intelligenz eingeladen bin.
An der Ostseite des Bahnhofs steige ich am frühen Morgen
aus und befinde mich inmitten einer dystopischen,
nicht enden wollenden Baustellen-Landschaft. Über-
und Untergänge, ein Labyrinth aus sich überlagernden,
provisorisch hingezimmerten Routen und Wegen, nichts
für immer, aber das schon lange, Interims-Wegweiser
und Schilder in verschiedene Richtungen. Der Blick
in jede dieser Richtungen wird von Absperrungen,
Kränen, Containern und Verschlägen aufgehalten. Die
Orientierungsmarken fehlen. Stilecht und konsequent
gibt es ansonsten nur noch den Regen, den Wind, die
Kälte. Keine Menschen, die man fragen könnte. Nur
andere Herumirrende.

Ich gehe durch diese Szenerie und denke mir: »So
sieht sie also aus, eine Welt im Wandel.« Ich fühle, wie
sehr das Bild passt. Die Orientierungslosigkeit, das
Ausgeliefertsein, der suchende, vergebliche Blick nach
einem Halt, nach einer Orientierung. Selbst die digitalen
Kartendienste sind mit der Situation überfordert und
können nicht weiterhelfen.

ENDLICH finde ich den Ort, wo ich hinwill. Im
weit und breit einzigen Café, einem Museums-Café,
lasse ich mich nieder, um auf meinen Termin zu
warten. »Guten Abend«, sagt der Kellner und fügt der
morgendlichen kafkaesken Szenerie noch ein weiteres
Befremdungselement hinzu.

Ich bin dankbar für einen Kaffee und WLAN. »Jetzt
weiß ich, was du mit ›Großbaustelle‹ meinst«, schreibe ich
einem Stuttgarter Freund, den ich getroffen hätte, wenn er
Zeit gehabt hätte. »Ja«, antwortet er, »ich meide die Stadt
so lange, bis die Wunden wieder verheilt sind«.

Ich denke über Veränderung nach, über eine
Gesellschaft im Wandel, eine ganze Welt im Wandel, und
ich stelle mir vor, dass alle darin umherirren. Ich fühle, wie
unangenehm das ist und dass man sich diesen Situationen
und Orten lieber entziehen will.

Die provisorischen, mit Schablonen-Schriftzeichen
besprühten Wegweiser aus Holz oder Plastik helfen nicht
weiter. Sie schaffen es nicht, ein Gefühl der Sicherheit und
Orientierung zu vermitteln. Weil sie in eine provisorische

Richtung führen, in eine Richtung, die heute die richtige ist, aber das ist nicht endgültig. Das gilt nur jetzt, während der Baustelle oder auch nur in einer bestimmten Phase der Bauarbeiten, im Moment des Umbruchs.

Das ist spannend. Von einem Wegweiser erwarte ich – das kann ich aus meinem unbehaglichen Gefühl und meiner etwas unwirschen Reaktion ableiten –, dass er nicht provisorisch ist. Ich will, dass seine Botschaft für immer gilt. Wenn ich mich auf Wegweiser verlassen kann, gibt mir das ein Gefühl von Sicherheit. Aber diese Sicherheit, endgültige Wegweiser, die gibt es nicht in Zeiten des Wandels. Kurzzeitige Orientierung muss genügen, um sich den Weg durch die Baustelle und die Welt zu bahnen. Wir, die wir unseren Weg durch die Baustelle suchen, müssen damit rechnen und damit umgehen können, dass die Wege in der nächsten Bauphase woanders entlang führen. Auf immerwährenden Wegweisern zu beharren, führt dann grade in die Irre.

WENN wir uns aber nicht im Außen verankern können, wenn Wege und Wegweiser nur vorübergehend Richtung geben, wo verankern wir uns dann?

Es hilft, sich selbst als mitgestaltenden Teil dieser Baustelle zu sehen. Laufe ich orientierungslos durch das Labyrinth oder weiß ich, was gerade hinter den Verschlägen gebaut wird und warum? Verstehe ich mich selbst als Teil des Planungsprozesses? Bin ich, ist die Gesellschaft Teil dieser Baustelle? In Zeiten des Umbruch sind Kommunikation und Beteiligung wichtig – und auch Führungsbereitschaft und Mut zu Entscheidungen. Wer einen Veränderungsprozess gestaltet, ist nicht Opfer der Veränderung. Das ist ein fühlbarer Unterschied. Auch deswegen ist es in der digitalen Transformation wichtig, dass uns der Rollenwechsel vom konsumierenden zum gestaltenden Menschen gelingt.

Sich einzubringen, sich auseinanderzusetzen, für etwas zu streiten, einander zuzuhören, Widerspruch auszuhalten, Lösungen zu finden und diese auch mitzutragen, wenn man anderer Meinung ist – all das ist hohe Kunst. Sie nennt sich Demokratie und offene Gesellschaft. Das ist der einzige Weg, selbst auch Teil dieser Baustelle zu sein.

PLÖTZLICH sehne ich mich da, in diesem Museums-Café, danach, in die Sammlung zu gehen und mich am vertrauten Anblick der Alten Meister wieder aufzuwärmen. Nach dem Herumirren im Regen wieder einen Anker zu finden, einen Bezug. Etwas Vertrautes. Etwas, das bleibt.

Immer habe ich es als wohltuend empfunden, selbst an den entlegensten Orten der Welt vertraute Gemälde wiederzusehen. Die großen Klassiker der Moderne, die feinen Gesichter der Renaissance, die Tafelbilder des Mittelalters. Sie sind für mich wie Vertraute, zu denen ich zurückkehre. Es ist wie ein Heimkommen. Und vielleicht geht es genau darum, dass uns, obwohl sich vieles um uns herum verändert, trotzdem Bindung, Bezug und Kontaktaufnahme gelingen. Dass wir trotzdem wieder eine Verbindung zur Welt herstellen können.

Die Werke der Alten Meisterinnen und Meister geben mir Trost, mit ihrem schrägen Lichteinfall, den gedämpften Farben und ihrem stillen Leuchten. Für andere ist es vielleicht Musik oder der Blick ins Weltall, ein Gedicht oder eine schön angelegte Stelle im Garten. Ein duftendes Brot. Ein Abend im Kreis von Menschen, die einem gut tun. Wir sollten das nicht unterschätzen. Im Gegenteil, wir sollten solche Verbindungen zur Welt suchen, sie pflegen und wertschätzen. Denn alles, was uns einen Anker gibt, was uns hält, während sich alles um uns herum verändert, das hilft uns, diese Veränderungen zu meistern.

ÜBERFOR

WENN ICH MEINEN Fernseher anstelle, dauert es
zehn Minuten, bis er angeht. Ich weiß nicht, warum. Es
gibt sicher einen Grund dafür, aber ich kenne ihn nicht.
Natürlich ließe sich das herausfinden, aber schon die
Frage, welche der beteiligten Geräte und Anschlüsse
die Ursache dafür sein könnten – der Fernseher, der
Router, die Glasfaserverbindung, die Switch, was weiß
ich – und wer in welchem Fall dafür zuständig wäre – der
Gerätehersteller, der Serviceprovider, der Telefonanbieter,
der Vermieter – erschöpft mich so, dass ich es sein lasse.
So warte ich mit einer Mischung aus Ratlosigkeit und
Resignation die zehn Minuten ab, bis endlich das Bild
erscheint. Ich brauche es ja nicht oft.

DERUNG

DIE TECHNIK spricht zu mir, aber sie spricht in
einer anderen Sprache. Kundennummer, Benutzername,
Kennwort. Sie fragt mich etwas, aber was will sie von
mir? Einloggen, anmelden, registrieren. E-Mail-Clients,
Blog-Software, PHP-Versionen, Bezahlsysteme.
Fehlermeldungen, Lösungsvorschläge, Auswahloptionen.
Himmel hilf.

ICH BIN mit diesem Gefühl offenbar in guter Gesellschaft. Steve Wozniak, immerhin Mitgründer von Apple, bekannte neulich, dass er von den Touchscreen-Auswahlmenüs seines E-Autos heillos überfordert ist. Er wünscht sich für die Autoradios und Armaturen Knöpfe und Tasten zurück (so do I, Steve, so do I).

ICH SPRECHE abends mit Bekannten darüber und siehe da: Kaum habe ich meine Hilflosigkeit gestanden, strömen die Geschichten nur so. Geschichten, die man sonst nicht zu hören bekommt. Jeder am Tisch hat eine. Eine Freundin hat den Telefonanbieter gewechselt und dann nach zahllosen Service-Telefonaten und vergeblichen Versuchen, die schnellere Verbindung ans Laufen zu bringen, aufgegeben. Sie zahlt den teureren Tarif, nutzt ihn aber nicht. Eine andere hat einen neuen Router, aber an einer falschen Stelle der Wohnung. Bei jemand anderem hat der neue Farbdrucker die Unternehmens-Datenbank zerschossen. Geschichten über Geschichten. Ein Update, das nicht funktioniert. Hotelduschen, an deren Bedienung wir scheitern. Apps, die buggen. Geräte, die nicht miteinander sprechen wollen.

Wir alle, selbst die Technikprofis, sind mitunter von Technik und Technologie überfordert, aber heimlich, jeder für sich allein. Es ist eine implizite, eine heimliche Überforderung. Von den Kühlschrankfunktionen nur die Basics nutzen. Hauptsache, er kühlt. Die Einparkhilfe

im Auto einfach piepsen lassen, weil es nicht gelingt,
sie abzustellen. Längst haben wir an vielen Stellen
aufgegeben und überlassen der Technik die kleinen
Entscheidungen im Alltag. Wir unterwerfen uns
insgeheim und haben ein schlechtes Gewissen deswegen.

WIR VERSTEHEN vieles nicht, aber wir haben das
Gefühl, wir müssten es verstehen. Alle anderen verstehen
es doch auch!

SEIT JENEM Abend weiß ich: Nein. Die anderen
verstehen auch nicht mehr als ich. Wir alle sind überfordert, auf die eine oder andere Weise. Aber niemand
redet darüber, aus Scham – wer will schon als technik-
ignorant gelten.

NIEMAND muss, niemand kann alles wissen und
können. Die globalisierte Welt ist unübersichtlich und
vieles überfordert uns. Im Zuge der Digitalisierung sind
so viele Prozesse an Kundschaft und Nutzende ausgelagert
worden, immer unter der Überschrift der Vereinfachung
und der Effizienzsteigerung, dass wir jetzt mehr zu tun
haben als je zuvor. Gerade weil es so einfach ist.
Alles können und müssen wir jetzt 24/7 selber machen:
Zugtickets, Flüge und Hotels raussuchen und buchen,
Konzerttickets ausdrucken, Online-Banking machen,
Bewerbungsunterlagen hochladen, Führerscheinpapiere
und Fahrgastrechte-Formulare verwalten, Broschüren und

Visitenkarten gestalten und bestellen. Das alles ist toll. Aber nun liegt auch die Verantwortung für sehr viel mehr Prozesse in unseren Händen. In der Zeit, in der wir früher eine Sache erledigt haben, müssen wir jetzt fünf erledigen. Das ist viel. Manchmal zu viel. Und dafür müssen wir uns nicht schämen.

IST DAS NICHT egal? Nein, das ist es nicht. Wer seine Überforderung, sein Nichtverstehen, verbirgt, der schämt sich und wer beschämt ist, der ist manipulierbar. Hans Christian Andersen führt diesen Effekt sehr schön in seinem Märchen »Des Kaisers neue Kleider« vor: Alle tun so, als würden sie die schönen kaiserlichen Stoffe sehen, denn keiner will als dumm gelten. Alle anderen sehen sie doch auch! Sie schämen sich, und auf diese Scham haben die betrügerischen Weber gesetzt.

Den gleichen Trick beobachte ich bei den Leuten, die im Auftrag eines Telekommunikationskonzerns bei mir vor der Tür stehen, um mich für einen Anbieterwechsel zu erwärmen. Die latente Überforderung und Hilflosigkeit in technischen Dingen voraussetzend, schüren sie gezielt Verunsicherung und ein schlechtes Gewissen. »Ihre Nachbarn haben das schon!« Wenn die Zielperson in der Defensive ist, haben sie leichtes Spiel. »Bei dem Glasfaser-Ausbau im Herbst kann es mit Ihrem bisherigen Anschluss zu Schwierigkeiten kommen«, sagt der eine diffus dräuend, ohne das spezifizieren zu wollen. »Sie riskieren Inkompatibilitäten. Wechseln Sie lieber

sicherheitshalber zu uns, dann kann Ihnen das nicht
passieren!«

Ein halbes Jahr später steht wieder so jemand bei mir
vor der Tür. Als ich ihn bitte, mir sein Angebot schriftlich
zu geben, damit ich die Konditionen vergleichen kann,
greift er tief in die Trickkiste: »Schriftlich? Also bitte,
wir leben im 21. Jahrhundert, sowas macht man jetzt
digital! Ich komme kurz rein, das machen wir hier gleich
an meinem Tablet, ich helfe Ihnen auch dabei.« Es wirkt
nicht, also setzt er noch nach: »Oder wollen Sie etwa,
dass ich für Sie in die Bibliothek gehe und Ihnen ein
Buch hole?« Als er meinen Blick sieht, verschwindet er
lieber die Treppe hinunter, aber er hat das nicht zum
ersten Mal gesagt, das war eindeutig. Wer sich da in die
Defensive drängen lässt, wer ein schlechtes Gewissen
wegen seiner eigenen Überforderung hat, wer beweisen
will, nicht hinterm Mond zu leben, hat schon verloren.
Und die Bibliothek feiert in der digitalen Gesellschaft eine
Renaissance als Manipulationsinstrument bei Haustür-
Glasfaserverkäufen.

ICH HABE mir im beruflichen Leben, vor allem in
der Arbeit in Gremien und im Wikimedia-Präsidium
angewöhnt, alle in Präsentationen und Diskussionen
verwendeten Abkürzungen und Buzzwords, deren
Bedeutung nicht eindeutig ist, offensiv nachzufragen. Da
mache ich es wie das Kind in »Des Kaisers neue Kleider«.
Ruhig und klar stelle ich die Frage nach der Bedeutung,

nach der Definition, wie der Begriff in diesem Kontext
verwendet wird. Dafür ernte ich meist überraschte
Blicke, niemand außer mir fragt so etwas vermeintlich
Offensichtliches nach, aber siehe da: An den Blicken der
anderen merke ich, dass ich nicht die einzige bin, die
gespannt auf die Antwort ist. Was bedeuten sie eigentlich
genau, diese englischen Begriffe, die wir alle unhinterfragt
verwenden, weil keiner sich die Blöße geben will,
nachzufragen? Meinen wir mit dem Begriff das Gleiche?
Sind wir uns einig über die Bedeutung? Sprechen wir die
gleiche Sprache? Stilles Einvernehmen führt hier zu einem
Informationsnebel, der good governance, gute Steuerung
und Führung, verhindert. Führen heißt auch, präzise zu
sein. Dazu gehört der Mut, Unklarheiten anzusprechen
und zu einem eigenen Nichtverstehen zu stehen. Es ist
sehr aufschlussreich, dann zu sehen, wer Buzzwords
verwendet, ohne sie erklären zu können. Im Aufsichtsrat
und überall sonst, wo Entscheidungen getroffen werden,
sollte bei allen Beteiligten Einigkeit über die verwendeten
Begriffe und Informationen bestehen. Vor allem, wenn
weitreichende und strategische Entscheidungen anstehen.

OFFEN darüber zu kommunizieren, etwas nicht zu
verstehen, muss also nicht beschämend sein. Es kann
im Gegenteil sehr machtvoll sein. Oft ebnet es den
Weg für eine Verbesserung der Prozesse, für klarere
Kommunikation, für konstruktive neue Lösungen. Wer
Angst hat, nachzufragen, verleiht dem anderen Macht.

ALSO nur Mut. Lasst uns ehrlich sein. Ich fange an: Ein vergessenes Passwort löst bei mir Angst vor Kontrollverlust aus. Es treibt mir den Schweiß auf die Stirn, wenn ich mein Handy neu aufsetzen muss. Ich habe keine Ahnung, wie Fernseher, Switch, Router, Telefon, Streamingdienste und Kabel miteinander kommunizieren. Und ich habe nicht die geringste Ahnung, warum mein Fernseher seit ein paar Tagen plötzlich völlig problemlos angeht, ohne Wartezeit, als wäre es nie anders gewesen. Nicht die geringste.

STRASSENRAND

AM

SIE LIEGEN auf der Straße. Sie sind dünn, lang und schmal und sie sind aus Metall. Kleine, flache Metallstäbe. Nicht glänzend, sondern matt und beschlagen, manchmal mit Anflügen von Rost. Seit ich Kind war, finde ich sie. Sie sind etwa einen halben Zentimeter breit und zehn bis zwanzig Zentimeter lang. Ganz flach, die dicksten sind vielleicht einen Millimeter hoch. Wenn man sie biegt, dann federn sie. Über vier Jahrzehnte hinweg sind sie einfach überall, mal hier, mal dort. Ich finde sie am

Straßenrand, seltener mitten auf der Straße, gelegentlich auf Bürgersteigen. Mal in dieser Stadt, mal in jener. Überall, auch im Ausland. Wenn man genau hinsieht, ist zu erkennen, dass ein Ende etwas abgenutzt ist, schräg abgeschliffen, oft auf einer Seite blank gescheuert.

Als Kind habe ich mit ihnen gespielt. Weil sie so schön federn, lassen sie sich herrlich weit flitschen und in Maschinen und Konstruktionen aller Art verbauen. Heute ersetzen sie mir einen kleinen Schlitz-Schraubenzieher und ich nutze sie unterwegs als Brieföffner. Als meine Kinder noch klein waren, dienten sie als Querstreben für Mobiles. Ein oder zwei davon trage ich bis heute immer in meiner Handtasche mit mir herum. Man weiß nie, wozu man sie noch gebrauchen kann. Die Sicherheitsleute, die meine Handtasche durchleuchten, sind irritiert, aber nicht beunruhigt. Die Metallfedern sind ein mobiler fester Bestandteil meines Lebens geworden.

ICH HATTE keine Ahnung, was ihre ursprüngliche Funktion war. Lange hatte ich auch nicht das Bedürfnis, ihr Geheimnis zu lüften. Ich mochte es, mein kleines Rätsel. Das wird wohl ein Teil aus dem Automotor sein, dachte ich in den 80er-Jahren. Vielleicht eine Art Blitzableiter für Autos, vermutete ich in den 90ern. Bis in die 00er-Jahre war es noch plausibel, dass ein Metallteil aus dem Unterboden oder dem Motorraum eines Autos auf die Straße gefallen sein konnte. Aber heute, wo Autos elektrifiziert und versiegelt sind?

Tatsächlich ist mein Rätsel mit der Zeit immer rätselhafter geworden, gerade weil es gleichgeblieben ist. Je länger diese geheimnisvollen Metallfedern unverändert am Straßenrand zu finden waren, während sich die Welt um sie herum von Jahrzehnt zu Jahrzehnt veränderte, umso interessanter wurde es für mich. Was gibt es denn, was heute noch genauso ist wie in meiner Kindheit? Fast nichts.

Gelegentlich fragte ich andere Menschen, »Was könnte das wohl sein?«, ohne wirklich die Antwort wissen zu wollen, nur so aus Spaß und aus Freude am gemeinsamen Rätselraten.

Bis ich dann eines Tages auch meinen inzwischen groß gewordenen Sohn nach seiner Vermutung fragte. »Ich google das mal«, antwortete er kurzerhand, ohne langes Federlesen. »Nein!«, rief ich, denn ich wollte es nicht wirklich wissen. Er googelte. »Na klar!«, sagte er und grinste. »Ich muss es dir ja nicht verraten«, meinte er spitzbübisch. Da war klar, dass die Zeit meines kleinen Geheimnisses vorbei war.

Es gab natürlich Hinweise, den Fundort am Straßenrand, und auch Vermutungen, die sich dann im Netz schnell bestätigt haben: Bei meinen kleinen Metallfedern handelt es sich um Flachdrahtborsten aus den Tellerkehrbesen von Straßenkehrmaschinen. Deshalb liegen sie am Straßenrand. Die metallenen Borsten der Kehrwalzen und Kehrteller verfangen sich in den Ritzen der Straße, in Ecken und in Kopfsteinpflaster-Spalten. Die Kehrmaschinen lassen Federn, von Zeit zu Zeit.

Seit die Kehrmaschine den Besen in den Händen des Straßenkehrers abgelöst hat, hat sich die Technik der mechanischen Reinigung fast nicht verändert. Die Borsten aus Flachdraht sind dabei für das Grobe zuständig, für die besonders schwierigen Fälle auf der Straße, starke Verschmutzungen und Verkrustungen.

»Die stabile Drahtbeborstung entfernt Moose und lästiges Unkraut auf befestigten Flächen bis an die Kanten«, verspricht ein Anbieter, ein anderer: »Die Wildkrautbesen erledigen mit gleichzeitigem Rupfen und Kehren den lästigen Wildwuchs effektiv in einem Arbeitsgang.« Ich halte das für Poesie. Es ist die Alltagspoesie des Rinnsteins.

DIE KUNST solle sich und den Menschen erheben, anstatt in den Rinnstein niederzusteigen, fand Kaiser Wilhelm der Zweite. Er hielt nichts davon, das Elend des Alltags zu zeigen, wie es ist. Er forderte 1901 in seiner sogenannten Rinnstein-Rede, dass die »wahre Kunst« erhaben sein solle, schön und erbaulich, anstatt uns in die Niederungen des Alltags hinabzuziehen. Kunst hat im Rinnstein nichts zu suchen, fand er.

Ich finde doch. Genau dorthin sollten wir sehen. Ich finde es dort ganz spannend, im Rinnstein. Er erzählt die Geschichte von unten, aus einer anderen Perspektive.

Den Rinnstein nimmt man gewöhnlich nur wahr, wenn etwas schief läuft: wenn die Reinigungskräfte streiken, der Müll sich am Straßenrand auftürmt und uns im Weg liegt, anstatt über Nacht oder frühmorgens geräuschlos von der Oberfläche unseres Außenraums zu verschwinden. Oder wenn Abflusskanäle verstopft sind. Ansonsten funktioniert die öffentliche Infrastruktur der Straßenränder reibungslos und unsichtbar. Nur wenn der Rotationsbesen Borsten verliert, bleibt von dieser geheimen Arbeit ein kleines Zeichen übrig. Ein kleines Mahnmal, eine Erinnerung an die Geschichte im Verborgenen.

SEIT MEIN kleines Geheimnis gelüftet ist, sehe ich Kehrmaschinen und ihre Fahrer mit anderen Augen. Ich bin mit ihnen verbunden, durch meine kleinen Metallfedern. Sie verlieren sie. Ich finde sie.

Im Rheinland gibt es eine Zeit im Jahr, in der die Straßenkehrmaschinen aus ihrer Bescheidenheit im Hintergrund heraustreten und sichtbar werden: nach den Karnevalsumzügen, die traditionellerweise die Straßen in einem sehr unaufgeräumten Zustand hinterlassen. Wenn die letzten Umzugswagen gerade verschwunden sind, erscheint eine Kolonne von Kehrmaschinen. Sie befreien die Straßen von Müll, hobeln zentimeterdicke Zuckerschichten, verklebte Kamellen, vom Asphalt, leeren die überquellenden Straßenmülleimer. Eine muntere Parade der Kehrmaschinenmodelle: Es gibt die großen, gebieterischen und die kleinen, wendigen, die schneller sind und auch in die Straßenecken kommen, mit kleinen

beweglichen Kehrtellern. Darin sitzen sie dann, die
Menschen, die früher Straßenkehrer gewesen wären, und
man kann sie bei ihrer Arbeit beobachten.

Auf einem dieser kleinen, wendigen Flitzer saß ein
junger Bursche, dunkle, kurze Haare, getrimmter Bart,
weiße Turnschuhe. Er fegte in die kleinsten Ecken, rechter
Straßenrand, linker Straßenrand, um die Bäume herum,
in die Ecken. Er pfiff dabei vor sich hin und lehnte sich
in die Kurven. Hörte er dabei Musik? Was hätte er wohl
zu erzählen? Wenn ich neue Borsten finde, denke ich
an diesen vergnügten jungen Menschen, der auf seiner
Kehrmaschine vor sich hin pfeift.

Seit ich mein kleines Geheimnis mit anderen Menschen
teile, sehen auch sie den Rinnstein mit anderen Augen.
Plötzlich finden sie selbst die kleinen Metallfedern am
Straßenrand. Sie freuen sich daran, sie schicken mir Fotos
davon und das freut mich. Neulich erst schickte mir eine
Freundin ein solches Foto aus Italien. Nachts, auf dem
Rückweg zum Hotel, lag die kleine Metallfeder da, am
Straßenrand, als hätte sie auf meine Freundin gewartet.
Letzte Musik klingt noch aus den Fenstern, ein Wind weht
vom Hafen her und schon sind auch sie dort, die Freundin
und die Feder, in der italienischen Gasse, zu einem Teil
meiner Geschichte geworden.

LANGE habe ich das Rätsel für mich bewahrt, es war
meine Geschichte. Aber es ist auch schön, seine
Geheimnisse zu lüften und sie mit anderen zu teilen.

Ich hoffe, dass uns die Rotationsbesen-Flachdrahtborsten
noch sehr lange begleiten werden, meine Freunde
und mich. Weil wir uns bei allem Wandel doch freuen,
dass es in unserem Leben auch Konstanten gibt – und
Geschichten, die uns verbinden.

HAND-
SCHRIFTEN

ALS ICH WIEDER aus dem Keller hochkam, hatte ich sie dabei: die Kiste mit Kassetten. Ich hätte sie unbesehen wegwerfen können, tat das aber nicht. Einen Blick wollte ich vorher noch auf die Kassetten werfen, für die ich längst schon kein Abspielgerät mehr habe.

UNGEFÄHR in Erinnerung hatte ich noch, wie die Kassettenhüllen aussehen. Zum Beispiel die meines Studienfreundes Peter, mit einer geflügelten grün-samtenen Fee, ein Ausschnitt aus einem ZEIT- oder SZ-Magazin. Oder die von mir selbst gemalte Hülle, transparent-rote Lackfarbe über den Linien einer Schwarz-Weiß-Kopie eines mittelalterlichen Stichs mit anzüglichem Motiv (mein Cover zu »Kinski spricht Villon«). Collagen, Fotokopien, Gestaltungen aller Art. Mixed Tapes, Alben, Hörbücher. Etwas hat mich dabei besonders überrascht und berührt: Wie sicher und schnell ich nach all den Jahren die Handschriften wiedererkenne, mit denen die Inhalte auf den Innenseiten und den Rücken der Kassettenhüllen geschrieben waren.

Peter, Ulla, Axel, Thomas, viele dieser Menschen habe ich seit Jahrzehnten nicht mehr gesehen. Von einigen wüsste ich heute nicht einmal mehr die Augenfarbe, aber ihre Handschrift erkenne ich sofort. Offenbar prägt sich die Schrift eines Menschen tief und nachhaltig ein.

Das Speichermedium selbst ist ohne Kassettenrekorder
obsolet geworden, aber die Handschrift bleibt.

WIR MENSCHEN haben den Wunsch, eine Spur
in der Welt zu hinterlassen. Die Handschrift ist
eine unverwechselbare Spur. Wir können uns damit
verständlich machen, wir nutzen das Alphabet,
allgemeinverständliche Chiffren, die das Gegenüber
entziffern kann. Wir stellen eine Verbindung her, tauschen
uns aus, kommunizieren und verständigen uns. Und
zugleich sind wir damit einmalig, unverwechselbar,
eindeutig und einzigartig. Wir werden sichtbar. Wir
sind wir und niemand anders. Das ist unsere und nur
unsere Handschrift. Der Neigungswinkel unserer Schrift
ist der Neigungswinkel unseres Daseins. Wir können
uns miteinander verständigen, bleiben aber dennoch
individuell. Das ist eine schöne Mischung. Die perfekte
Balance zwischen Autonomie und Verbindung.

NATÜRLICH gab es auch in der Handschrift Moden.
Ina und Kerstin, damals in der Schule, schrieben
sehr ähnlich. Sie hatten die »Must have«-Mädchen-
Handschrift: aufrecht, mit einem kleinen Seitenschlenker
in den Mittelbögen. Aber wenn man genau hinschaute,
dann konnte man selbst diese ähnlichen Handschriften
unterscheiden. Auch wenn die Schriftprobe nur aus
wenigen Worten auf einem winzigen Zettelchen bestand.
Anonyme Briefe zu schreiben, war damit unmöglich,

in der Schule wie im echten Leben. Die Verfasser von Erpresserbriefen nahmen früher, um anonym zu bleiben, sicherheitshalber den Umweg über die gedruckte Schrift und schnitten aus Zeitungen unverfängliche Buchstaben aus. Auch die Dadaisten nutzten diese Technik und erteilten damit dem Künstler als individuellem Geniewesen eine Absage. Wo das Unpersönliche zur Absicht erklärt wird, hat Handschrift keinen Platz.

EINE BESONDERE Aura haben Handschriften in den Archiven. Wenn wir den Abdruck des weichen Bleistifts auf weichem Papier sehen, mit den Augen fast fühlen können, erfüllt uns das mit Ehrfurcht, weil wir uns diesem Menschen nahe fühlen. Handschriftensäle haben deshalb ihre ganz eigene Atmosphäre, mit all diesen andächtigen Menschen, die mit Schutzhandschuhen durch Schriften blättern. Dichtende und Schreibende hinterlassen ihre handschriftlichen Notizen gerne in Büchern, auf der Rückseite von Briefumschlägen und Zetteln, überall, wo sie Ideen haben. Orte und Momente der Inspiration werden so sichtbar und nachvollziehbar.

AUCH das Prozesshafte der Textentstehung selbst ist in handschriftlichen Spuren sichtbar. Wenn man sieht, wie Paul Celan neben einem Gedicht von Henri Michaux, das er aus dem Französischen ins Deutsche übersetzt hat, zuerst mit Bleistift »unübersetzbar« ins Buch notierte, das Wort später durchstrich und »übersetzt!«

daneben schrieb, dann wohnt man dem Stolz des Dichters und Übersetzers bei. Die verschiedenen Phasen des Entstehungsprozesses auf einen Blick, das hat das Digitale nicht.

IN MEINEM alten, handschriftlichen Adressbuch aus Papier konnte man, bevor es auseinanderfiel, den Lebensweg von Freunden und Freundinnen anhand der häufig durchgestrichenen und aktualisierten Adressen, Telefonnummern, Städte und Länder ablesen. Das waren die Metadaten der vordigitalen Zeit, wenn bei »W« kein Platz mehr für andere war, weil Ulla Wingert so oft umgezogen ist. Digitale Adressbücher ersetzen das Alte ersatzlos durch das Neue. Das ist schön und schade zugleich. Schön, weil klar und strukturiert die aktuelle Information zur Verfügung steht. Schade, weil das andere fehlt.

SCHREIBEN zu lernen ist das erste und zugleich langwierigste Unterfangen nach der Einschulung. Dass es so lange dauert, bis Kinder eine Schreibschrift flüssig beherrschen, hat seinen Grund. Mit der Hand zu schreiben, ist eine feinmotorisch und neurophysiologisch sehr komplexe Angelegenheit. Auge, Hand, Verstand, alles muss zusammenwirken. Eine Schreibschrift zu erlernen, eignet sich deshalb nicht zur Massenabfertigung. Das Schreibenlernen braucht Hinwendung und Hingabe. Es braucht Übung, Geduld und Frustrationstoleranz. Und es braucht eine so feine Abstimmung verschiedener Hirnareale, dass man eine Demenz offenbar nicht nur an Veränderungen der Handschrift erkennen kann, sondern auch damit dagegen antrainieren kann. Das Schreiben ist eine Meisterleistung des Gehirns.

AUCH ich bin in der Grundschule mit Schönschrift gequält worden. Das Quälende daran war das Einhaltenmüssen einer exakten Norm. Jeder individuelle Ausdruck wurde einem ausgetrieben. Sogar mit welcher Hand geschrieben werden sollte, war genormt: mit der rechten. Basta. Die Norm stand über jeder Individualität, über der Selbstwerdung. Aber wäre es nicht schön, die Handschrift, dieses Medium des Selbstausdrucks, das einen ein Leben lang begleitet, mit neuem Respekt wiederzuentdecken? Es ist doch schön, sich mit einem Medium auszudrücken, das schon in seiner Form zeigt: »Seht her. Ich bin es. Ich. Ich bin es, die hier schreibt.« Erfreuen wir uns daran, wenn wir Handgeschriebenes auf Einkaufszetteln, Postkarten oder Bierdeckeln sehen.

ICH HABE jedenfalls eine Handvoll aus der Zeit gefallene Tonkassetten wegen der Handschriften behalten. Wir brauchen – denke ich – mehr solcher Dinge, die individuelle Freiheit und Verbindlichkeit gegenüber der Allgemeinheit versöhnen können. Und auf jeden Fall sollten wir uns die Handschrift bewahren, damit wir uns im Altersheim noch Liebesbriefe schreiben können.

EQUITY

ES GIBT WORTE, die kann man nicht übersetzen.
»Equity« ist so ein Wort. Ich habe bisher kein deutsches
Wort gefunden, das diesen englischen Ausdruck gut
wiedergibt und diese feine Unterscheidung zu »equality«
wiedergeben kann. »Fairness« oder »Gerechtigkeit«
kommt dem wohl am nächsten. Vielleicht sollte man

auch eher »Gerechtheit« sagen, wenn es dieses Wort gäbe. Ich liebe das Wort Equity. Es ist so schön komplex und doch sehr präzise. Das Wort fordert uns auf, genau hinzusehen und nicht irgendetwas zu machen, sondern: das Richtige, das Adäquate.

ES GIBT ein Bild, das den Unterschied zwischen »equality« und »equity« veranschaulicht: Drei Kinder unterschiedlicher Größe wollen über einen Zaun sehen, das größte schaut drüber, das mittlere und das kleine nicht, sie sind zu klein. »Equality« bedeutet, allen dieser drei Kinder einen gleich großen Hocker zu geben: Das mittlere kann jetzt auch über den Zaun schauen und das kleinste immer noch nicht. Das größte hätte den Hocker gar nicht gebraucht. »Equity« hingegen bedeutet Gleichheit, aber nicht Gleichheit der Mittel, sondern Gleichheit im Ergebnis: Das kleinste Kind bekommt einen großen Hocker, das mittlere einen mittelgroßen und das große Kind braucht keinen, es schaut ja ohnehin über den Zaun. Jedes Kind bekommt genau das, was es braucht, um das gewünschte Ergebnis zu erreichen. Es ist eine Gleichheit im Ergebnis, nicht die Gleichheit der Mittel.

EQUITY bedeutet also, einen gleichen Zustand herzustellen, und dabei zu berücksichtigen, dass dafür manchmal eben grade nicht das Gleiche, sondern Unterschiedliches notwendig ist.

ICH BIN auf dem Weg zu einem Fest der Demokratie
an einem historischen Ort. Der Bundespräsident lädt
ein, das Volk strömt herbei. Natürlich sind Sicherheits-
maßnahmen und Kontrollen notwendig, wenn der
Bundespräsident die Tore öffnet, und so wächst an den
Eingängen die Schlange der Wartenden immer weiter an.

Ich stehe am Nord-Eingang und gehe dort die Schlange
entlang, um mich an ihrem Ende einzureihen, gehe und
gehe, überschlage in Gedanken, wieviel Wartezeit das
wohl ausmacht. Da sehe ich mitten in der Warteschlange,
in der Sonne, eine alte Dame mit ihrem Rollator stehen.
Ich bleibe stehen und spreche sie an. Es kommt mir nicht
sehr sinnvoll vor, dass sie sich da einreiht und lange
warten muss. Die Dame und ihre Begleitung – Margot –
warten tatsächlich schon seit einer Dreiviertelstunde,
es ist warm und, ja, ein bisschen schwindelig ist ihnen
auch inzwischen. Aber sie wollen sich nicht vordrängeln,
sagen sie, schließlich warten hier alle. Ich verspreche, das
vorne abzuklären. Ich laufe nach vorne, spreche mit den
Sicherheitsleuten, die sich bereit erklären, die Damen
dazwischenzuschieben. Ich gehe wieder zurück, fische
die Damen aus der Schlange. Sie haben ein schlechtes
Gewissen, aber sie sind auch erleichtert, die Dame mit
ihrem Rollator, in dessen Korb ihre Handtasche liegt, und
ihre Begleitung Margot, die zwar einige Jahre jünger ist,
aber, wie sich jetzt herausstellt, halbblind.

Ich warte, bis die beiden durch den Sicherheitscheck
gelangt sind, die Handtasche durchleuchtet, der

Rollator durch die Schleuse bugsiert ist, und winke
ihnen nach.

Dann gehe ich an der Schlange der Wartenden entlang
wieder zurück, um die Ecke, in die nächste Straße,
und reihe mich brav dort am Ende ein. Ich warte und
warte, und tröste mich mit dem Gedanken, dass so viele
Menschen zur Feier des Grundgesetzes herbeiströmen,
alt und jung. Familien mit quirligen, quasselnden
Kindern, würdevolle Herren mit Spazierstock, Jugend-
liche mit Baseballkappen. Ich stelle mir vor, wie die beiden
Damen jetzt drinnen im Park eine Bank ansteuern und
sich erstmal im Schatten erholen.

Als ich dann auch dort drinnen bin, im Park, bei
unserem Bundespräsidenten, da treffe ich Freunde.
Sie sind nicht wie ich durch den Nord-Eingang herein-
gekommen, sondern durch den Süd-Eingang. Auch da war
die Schlange der Wartenden lang. »Aber bei uns ist eine
Polizistin die Warteschlange entlang gegangen und hat
die alten Leute und die Familien mit kleinen Kindern aus
der Schlange geholt und nach vorne begleitet, damit sie
nicht so lange warten müssen.«

So wie das am Süd-Eingang gehandhabt wurde, das
war Equity.

An meinem Eingang, dem Nord-Eingang wurde
Equality praktiziert: Gleichbehandlung für alle
Wartenden, gleiche Rechte, gleiche Wartezeit. Aber war
das auch gerecht? Wenn wir ein Fest der Demokratie mit
allen feiern wollen, mit Jungen und Alten, mit Menschen

mit und ohne Einschränkungen, auch mit Kindern, und was wäre ein Fest der Demokratie ohne Kinder, dann müssen wir es so machen wie am Süd-Eingang.

Denn was ist die Folge der Gleichbehandlung am Nord-Eingang? In den Park gelangen am Ende nur die, für die über eine Stunde Wartezeit in der Sonne kein Problem ist. Familien mit Kindern gaben nach der Hälfte der Wartezeit auf. Für alte und behinderte Menschen war das Procedere von Anfang an eine Zumutung. »Wenn ich zwei Stunden warten muss, dann fahr ich lieber wieder«, murmelte eine andere grauhaarige Dame, als sie die Warteschlange sah, und schob ihren Rollator gleich wieder zurück in den U-Bahn-Fahrstuhl.

Das kann man natürlich so entscheiden. Aber dann muss einem bewusst sein, dass man gerade mit der Gleichbehandlung Menschen unnötig ausschließt. Wenn wir es aber ernst meinen, »wir alle«, dann müssen wir uns auch fragen, wie das erreicht werden kann, dass wirklich alle dabei sein können.

ES WAR zu meiner Zeit im Präsidium von Wikimedia, dem Förderverein hinter Wikipedia, als ich den Begriff *equity* zum ersten Mal gehört habe. *Knowledge equity* ist ein globales strategisches Ziel der Bewegung um freies Wissen. *Wissensgerechtigkeit,* so haben wir es ins Deutsche übersetzt und haben dabei immer den global verwendeten Begriff *equity* im Hinterkopf gehabt, und das Bild von den drei Kindern, die alle über den Zaun

schauen wollen. Auch bei dem Zugang zu Wissen geht es
um den Abbau von Hürden. Hürden, die den Zugang zu
Wissen verhindern. Hürden, die das Beitragen von Wissen
einschränken. Diversität, Inklusion, das sind gängige
Begriffe, oft kommen sie als Buzzwords daher, aber wenn
wir sie uns genau anschauen, dann geht es genau darum:
Hinsehen, welche Hürden und Barrieren bestehen, und
diese aktiv abbauen. Nicht einfach alles laufenlassen und
denken, Gleichheit würde sich von selbst einstellen. In
Bezug auf die Wikipedia lauten wichtige Fragen: Welche
Hürden bestehen für Menschen, die hart körperlich
arbeiten und keine Kraft und Zeit für freiwillige Arbeit
haben? Wie können die Perspektiven und Themen
unterrepräsentierter Gruppen im digitalen öffentlichen
Raum sichtbarer werden? Wie es im internationalen
Kontext heißt: How can we listen to the quiet voices?
Wie können wir Kindern und Jugendlichen Zugang zu
Wissen ermöglichen, unabhängig von ihrer Herkunft?
Es gibt Hürden physischer, soziokultureller, finanzieller,
technischer Art. Mittel und Maßnahmen zu finden
und zu ergreifen, um diese – ungerechten – Hürden
abzubauen, das ist equity. Der digitale Raum kann so zu
einem wirklichen Instrument der Teilhabe und Inklusion
werden.

DIE SPRACHE selbst, wie oft, hilft uns auch hier
weiter. Aequitas ist das lateinische Wort, von dem
das englische *equity* und auch das französische *equité*

abstammen. Aequitas ist als verkörperte Tugend nicht
nur die Göttin der Gleichheit, sondern auch die Göttin
der Gleichmut. Und Gleichmut brauchten und hatten wir,
die wir in der Warteschlange standen, während wir die
Damen vorgelassen haben, ohne uns selbst benachteiligt
zu fühlen. So ist es eben, wenn man Gleichheit herstellen
will. Und so steht es auch in unserem Grundgesetz:
Wir fördern die Gleichberechtigung, indem wir auf
die Beseitigung bestehender Nachteile hinwirken. Das
ist im Netz und in der Demokratie genauso wie in der
Warteschlange.

HOLOFERNES SPRICHT

ICH STEHE IN EINEM MUSEUM, in einem Raum mit zwei Gemälden. Sie stellen beide Judith und Holofernes dar. Beide Gemälde sind von Frauen gemalt, unüblich um 1600, aber hier stehen sie, die zwei Malerinnen, aufrecht,

jeweils in der linken Bildhälfte und schauen aus dem Bild
raus. Beide Malerinnen haben sich in der Rolle der Judith
selbst gemalt, vielleicht mangels Modellen, vielleicht,
weil sie es so wollten. Es sind Selbstportraits, zu erkennen
an dem konzentrierten Blick, den Menschen haben, wenn
sie sich selbst malen. Die Malende wird so im doppelten
Sinn zur Handelnden, zur Malerin und zur Mörderin.
Der Pinsel wird zur Tatwaffe. In der rechten Hand, in
der die Malerin den Pinsel hält, hält Judith das Schwert.
In der linken Hand hält sie das abgeschlagene Haupt des
Holofernes am Schopf. Sie schaut aus dem Bild heraus,
wie auffordernd.

Vor den Bildern steht ein Paar, betagt und gut
angezogen. Sie im hellblauen, kniekurzen Kostüm.
Er mit selbstgewisser Gestik, die Hände in die Hüften
gestemmt.

»Mit diesem Dolch da, da kriegt man den Kopf
doch gar nicht ab«, sagt er entschieden. »Da muss man
doch durch die ganze Halswirbelsäule durch. Das geht
überhaupt gar nicht, wie das da dargestellt ist! Das ist
falsch.« Er hat einen Unterton, den ich nicht deuten kann.

Er wendet seinen Blick von Judith ab und schaut seine
Frau an, auffordernd. Nachdrücklich. Sie schaut ihn
kurz an. Dann schaut sie langsam, ungerührt nach links
zur Seite und wendet sich ab. Geht weiter. Sie sagt nichts.

Ich habe den Eindruck, dass Holofernes selbst
gesprochen hat. Ich schaue genau hin, das gekringelte
Haar, sein gequälter Blick ins Leere, die lackroten

Blutstropfen, die an seiner Ohrmuschel entlang fließen.
Ich komme seinen blutleeren Lippen näher, graugelblich,
ich schaue genau hin, aber nein. Nichts. Seine Lippen
bewegen sich nicht.

AUGEN

HÖHE

DER GRAUHAARIGE HERR kommt in den kleinen Laden und quatscht direkt, über alle Köpfe hinweg, die Verkäuferin mit einem launigen Spruch an. Diese spricht erst einmal in aller Ruhe mit der Kundin weiter, die sie grade an der Kasse bedient, bevor sie auf ihn reagiert. Dann wendet sie sich der nächsten Kundin zu, die an der Reihe ist. Es ist klar, er wird wie alle anderen behandelt, der Reihe nach, und kann nicht einfach so durchmarschieren. Er macht eine halb-ironische Bemerkung: »Wir Männer müssen ja hier auch mal zu Wort kommen«, aber ihm fehlt die Unterstützung, weil nur ein weiterer Mann im Raum ist, und der ist mit anderem beschäftigt. Ich spüre eine kleine Missstimmung bei ihm und eine Irritation. Ungerecht! Ich werde gleichbehandelt!

Er ist nett, ich kenne ihn. Er sieht ein bisschen wie ein Maler aus, hat manchmal eine Leinen-Latzhose an und eine Baskenmütze auf seinen schlohweißen Haaren. Ich war etwas überrascht von seiner Reaktion. Vielleicht hat er hier in dem kleinen Laden sonst mehr Bühne und mehr Aufmerksamkeit. Aber neutral von außen betrachtet, ohne eine Vorgeschichte zu kennen, ist er wirklich nicht unhöflich behandelt worden.

VIELLEICHT hat die Szene nicht in erster Linie damit zu tun, wer von den Beteiligten welches Geschlecht hat. Vielleicht ist es vor allem eine Frage von Gewohnheiten und erworbenen oder gefühlten Gewohnheitsrechten. Gewohnheitsrechten, die man selber nicht mehr als Ausnahme wahrnimmt, sondern als Normalzustand. Abweichungen davon irritieren dann. Wenn man bevorzugte Behandlung gewohnt ist, fühlt sich Gleichbehandlung wie Zurücksetzung an.

ES GIBT ein Foto: Humphrey Bogart am Flughafen, Trenchcoat über dem rechten Arm, den zum Klassiker gewordenen Hut aus Hasenhaarfilz auf dem Kopf, die linke Faust in die Hüfte gestemmt. Rechts und links von ihm stehen Lauren Bacall, seine Frau, und Katharine Hepburn, seine Filmpartnerin. Er überragt die beiden Frauen um einen Kopf, aber nur – die Totale des Fotos verrät es –, weil er auf der ersten Stufe der Flugzeugtreppe steht, während die beiden Damen unten auf dem Rollfeld stehen. Wie haben wir uns diese Szene vorzustellen? Humphrey Bogart steigt auf die Flugzeugtreppe, damit es aussieht, als wäre er größer?

Was mich daran interessiert, ist nicht die Größe. Mir ist es egal, wer wie groß ist. Aber interessant ist es schon, wie selbstverständlich das hingenommen wird. Als wäre genau dies die korrekte, die richtige, die stimmige und adäquate »Augenhöhe« zwischen Mann und Frau: Sie schaut rauf. Und er schaut runter.

Natürlich, und das ist ja, weshalb diese Erwartungen auch Männer unter Druck setzen: Es ist möglich, dass Humphrey Bogart selbst das gar nicht wollte. Dass das Filmstudio darauf bestand, die Medienberater, die Fotografen, nicht er selbst. Er hatte ja offenbar im Privaten kein Problem damit, dass seine Frau größer war als er. Trotzdem schnallte er sich am Filmset alberne Holzklötze unter die Schuhe, um seine Filmpartnerinnen zu überragen. Auch er musste vielleicht eine Rolle bedienen, die ihm nicht entsprach.

Man stelle sich vor – die Umkehrung macht ja manchmal Spaß und ist auch vielsagend –, eine Frau würde sich auf eine Stufe oder Kiste stellen, um größer als die umstehenden Männer zu sein. Das würde wohl als Anmaßung und Angriff gesehen werden. Viele Frauen würden sich vermutlich beim Überschreiten der Augenhöhe auch selbst unbehaglich fühlen und höflicherweise bei gleicher Höhe aufhören. Andere überragen, mehr Raum einnehmen? Lieber nicht.

Ich erlebe das oft, dass dieser Sonderraum Männern
von den Anwesenden bereitwillig eingeräumt und
zugestanden wird. Platz in der U-Bahn, beim Entgegen-
kommen auf dem Bürgersteig, Redeanteile im Gespräch.
Manchmal ist das mit einem nachsichtigen Schmunzeln
verbunden, als wollten diese Frauen sagen: »Ach lass ihn
doch, er braucht das halt, um sich gut zu fühlen.« Diese
mütterlich-nachsichtige Art, oft den eigenen Männern
gegenüber, irritiert mich. Es irritiert mich, weil aus dieser
Haltung eine Herablassung spricht, also auch wieder eine
Herabsetzung. Äußerlich überlasse ich den Raum, aber
innerlich setze ich den anderen herab.

Vielleicht sollten wir damit aufhören. Vielleicht
sollten wir damit anfangen, einander wie Erwachsene
zu behandeln. Männer sind schließlich in der Regel
erwachsene Menschen und keine Kinder, die einen Hocker
brauchen.

»IST ES WIRKLICH so, dass Männer immer Frauen
suchen, die kleiner sind als sie?«, frage ich meinen Sohn.
Das heißt, ich will es fragen und komme nicht dazu.
Er unterbricht mich mitten im Satz, schaut mich streng
an und sagt: »Sabria, die Worte ›Frauen‹, ›Männer‹ und
›immer‹ in einem Satz. Da brauche ich den Rest des Satzes
gar nicht mehr zu hören. Da ist die Antwort doch schon
Nein!«

DA IST SIE, diese Generation. Diese jungen Leute, die differenzieren, auch die eigenen Positionen. Die nicht mehr in »die Männer« und »die Frauen« denken. Die Grauzonen wahrnehmen und Farben zulassen, zwischen und neben allem, was wir gewohnt sind, mit unseren eigenen Gewohnheiten. Unseren Gewohnheiten, die uns festhalten und die machen, dass wir irritiert sind, wenn ihnen nicht entsprochen wird. Mein Sohn will nicht, dass ich sage »die Männer«, »die Frauen« und »immer«. Und natürlich hat er damit recht. Ich liebe sie, diese jungen Menschen. Von ihnen können wir noch so viel lernen.

MANN

IN DER BLÜTE

DAS BILD mit dem alten Mann an der Straßenlaterne
sehe ich noch genau vor mir. Ich lehnte an einer
Hauswand, in der Sonne, einen Kaffee in der Hand.
Er schlurfte mit vorsichtigen Schritten an mir vorbei.
Ich hatte gerade mit einem Nachbarn ein Gespräch
darüber geführt, dass der Beginn der Kirschblüte zu einer
anderen Atmosphäre in der Straße führt. Magischerweise
beginnt das schon, bevor die Blüten sich wirklich öffnen.
Die Menschen bewegen sich anders, langsamer, alles
hält ein wenig an. Sie sind nicht mehr unterwegs, sie
haben kein Ziel. Sie sind jetzt hier, um hier zu sein.
In dieser Straße, im Frühling. Dieses Langsamwerden
legt eine wohltuende Ruhe in die Straße. Jeder bemerkt
es und hält selbst ein wenig inne. Selbst die, die es
eigentlich eilig haben, fühlen es und schauen kurz hoch.
Es ist die Zeit des Flanierens.

Seine Bewegungen sind besonders langsam, wie in Zeitlupe. Er ist alt, sehr alt, die vorsichtigen, tastenden Schritte zeigen es. Auf Höhe des kleinen Platzes hält er an, neben der Gaslaterne, und kippt in einer kleinen, seitlichen Bewegung gegen sie. Fast nicht sichtbar, nur eine leichte vertikale Neigung seiner Achse. Die Lavasteinpodeste um das kleine Denkmal sind besetzt mit Menschen, deshalb kann er sich nicht setzen. Er will den Anblick trotzdem in Ruhe genießen und sucht deshalb einen Halt im Stehen.

MICH RÜHRT diese kleine Szene. Wie unauffällig er das Problem löst, so dass es fast zufällig aussieht. Ich sehe ihn von schräg hinten, wie er an der Laterne lehnt und die Vorfrühlingsszene anschaut, dahinter sehe ich die Straßenszene selbst, ein perfektes Bild.

Ich sehe seine Silhouette, mit der leichten Neigung nach rechts. Seine Schulter lehnt am Gusseisen der Laterne. Er hat eine Jacke aus sandfarbener Popeline an, sie sieht frisch gebügelt aus, faltenfrei. Seine Hose ist auch sandfarben, aber zwei Töne heller. Der Stoff des rechten Hosenbeins hat sich hinten in seinem schwarzen Schuh verfangen. Das verleiht seinem Anblick etwas Unsymmetrisches, das zu der leichten Neigung seiner Vertikalachse passt. Auf dem Kopf trägt er eine Schiebermütze, auch diese ist sandfarben, einen halben Ton heller als die Hose. Er hat sich für heute fein gemacht, zweifellos. Hinter seinen Ohren sind die Bänder der

Maske sichtbar, die er sich unter das Kinn gezogen hat,
um den Moment in der Sonne besser genießen zu können.
Er hat zwei Jahre Pandemie hinter sich, und jetzt lehnt
er an einer Straßenlaterne, um den Beginn der Kirschblüte
zu genießen.

Nach einigen Minuten löst er sich von der Laterne,
sammelt sich in der Vertikalen und geht weiter, bewegt
sich mit seinen tastenden Schritten den Bürgersteig
entlang. Nach wenigen Metern hält er wieder an, auf
einem kleinen Hügel, einer kaum sichtbaren Erhebung
im Bürgersteig. Die Betonplatten werden an dieser Stelle
abgelöst von kleinteiligem, unebenem Kopfsteinpflaster,
dort, wo rechts zur Straße hin einer der Kirschbäume
steht. Die Wurzeln haben den Bürgersteig ein wenig
angehoben und das Kopfsteinpflaster hat sich der
Bewegung von unten angepasst. Diese Unebenheit
im Bürgersteig fällt kaum auf, sie ist kein Hindernis,
eigentlich, aber er scheint auf der kleinen Erhebung
festzuhängen. Ich sehe es von hinten. Er wird langsamer
und bleibt oben stehen, als würde ihm die Kraft fehlen,
um diesen minimalen Scheitelpunkt zu überwinden, als
wäre diese kleine Erhebung unüberwindlich.

Ich halte den Atem an, vielleicht ist das alles doch
zu viel für ihn. Vielleicht hat er sich zu viel zugemutet.
Nein, er sammelt sich und kommt wieder in Bewegung,
vorsichtig geht er weiter, Schritt für Schritt. Diese Straße
entlang. Dieses Leben entlang.

UNANTASTBAR

DIE WÜRDE DES MENSCHEN ist unantastbar. Kein
Satz der Welt kann mich mehr rühren als dieser eine.
Die Würde des Menschen ist unantastbar. Der Satz berührt
mich, obwohl er nicht stimmt. Das Leben zeigt immer
wieder, dass es anders ist. Dass die Würde angetastet
werden kann, dass Menschen erniedrigt, entwertet, ihre
Rechte mit Füßen getreten werden. Aber trotzdem hat
dieser Satz eine ungeheure Kraft. Er ist ein Ausrufezeichen
des Richtigen gegen das Falsche. Wer den Stiefelabsatz
im Nacken hat, weiß trotzdem: »Das hier ist falsch.«
Und das hilft, das Falsche auszuhalten, ihm zu trotzen.
Einen Schritt herauszugehen aus der Entwürdigung.
Der Satz gibt uns Rückendeckung, um nach einer
Herabsetzung den Kopf wieder hochzutragen und
weiterzumachen mit diesem Leben. Die Würde für sich
selbst wieder in Anspruch zu nehmen, sich selbst diese
Würde zuzugestehen, sie für sich einzufordern, sie sich
wieder zurückzuholen. Die Würde anzuziehen wie einen
Schutzmantel. Das ist eine gute, eine richtige Richtung.

Die Würde des Menschen ist unantastbar. Meine Würde ist unantastbar. Ich bin unantastbar.

Als ich auf eine Demonstration für die Demokratie und für das Grundgesetz gehe, mache ich mir eine Girlande aus diesen Worten: »Die« »Würde« »des« »Menschen« »ist« »unantastbar« und ich trage sie um meine Schultern, über dem winterlichen Mantel. Diese Worte schützen mich und ich trage sie mit Stolz und mit Entschlossenheit, sie zu verteidigen. Als ich auf dem Rückweg über einen Platz gehe und unter einer Platane entlanglaufe, da macht es plötzlich platsch und ich sehe überrascht auf meine rechte Schulter. Da hat sich ein Vogel genau auf meine Schulter entleert, genau auf das Wort »unantastbar«. Die Geschichte klingt wie ausgedacht, aber sie ist wahr. Es ist wirklich wahr, dass mir eine Taube auf das Wort »unantastbar« geschissen hat, und zwar auf dem Friedensplatz, als wollte sie mir damit zeigen: Sieh nur, wie leicht deine Würde doch antastbar ist. Schau her, ich kann hier einfach von oben drauf scheißen. Vielleicht ist es auch ein Kommentar des Lebens gewesen. Liebevoll-nachsichtig oder vielleicht auch höhnisch erinnert mich das Leben daran, dass es dieses Andere auch gibt, das Entwürdigende, die Herabsetzung, das Böse. Ja, so ist es. Das gibt es auch. Und dennoch. Und trotzdem. Und gerade deswegen. Und jetzt erst recht: Die Würde des Menschen ist unantastbar. Nein, das ist kein Widerspruch. Die Würde des Menschen ist unantastbar, obwohl es Menschen gibt, die sie antasten.

Wenn Menschen Böses angetan wird, dann steht etwas auf, in ihnen, in uns, und das, was da aufsteht, im Inneren, das ist die Würde.

Dieser Kern bleibt unantastbar. Egal, was passiert.

Die Würde des Menschen ist unantastbar. Dieser Satz bleibt wahr, auf ewig und immer richtig und wahr. Egal, wer darauf scheißt.

ANMERKUNGEN

Die in »Normale Milch« erwähnten Frankfurter Poetikvorlesungen
von Judith Hermann sind unter dem Titel *Wir hätten uns alles gesagt*
2023 bei S. Fischer erschienen. Bei der erwähnten Erzählung handelt
es sich um »Sonja« aus dem Band *Sommerhaus, später* von 1998,
ebenfalls bei S. Fischer erschienen.

Ingeborg Bachmanns Erzählung »Ein Schritt nach Gomorrha« findet
sich im Zyklus *Das dreißigste Jahr*, erschienen 1961 bei Piper.

Das Bewegungsspiel »Eier, Butter, Käse, Milch« aus »Normale
Milch« ist eine Variante von »Ochs am Berg« (auch »Hans guckt um«).

Bei den beiden Gemälden aus »Holofernes spricht« handelt es sich um:
Lavinia Fontana, *Judith mit dem Kopf von Holofernes*,
Selbstportrait 1600 (Bologna)
Fede Galizia, *Judith und Holofernes*,
Selbstportrait 1601–10 (Madrid)
In der Ausstellung *Maestras* (Arp Museum Rolandseck, 2024) hingen
sie nebeneinander.

»Kehren Sie um« wurde zuerst veröffentlicht in *brand eins,*
Ausgabe 10/2022.

»Handschriften« wurde zuerst veröffentlicht auf *brandeins.de,*
November 2022.

Welche Zeichen und Wunder begegnen Ihnen selbst auf Ihren
Wegen? Erzählen Sie davon. In sozialen Medien gern mit Hashtag,
dann verbinden sich Ihre Geschichten, untereinander und mit
denen in diesem Buch: #ZeichenundWunder

RAUM FÜR ZEICHEN UND WUNDER

RAUM FÜR ZEICHEN UND WUNDER

RAUM FÜR ZEICHEN UND WUNDER

ZUR AUTORIN

Die Digitalphilosophin und Autorin Sabria David war langjährige stellvertretende Vorsitzende des Präsidiums von Wikimedia Deutschland, der Organisation hinter Wikipedia, und ist Gründerin des Slow Media Instituts. Sie gilt als Vordenkerin des digitalen Wandels, hält Keynotes, gibt Fortbildungen, berät und forscht zu den Auswirkungen der Digitalisierung auf die Gesellschaft, zur Zukunft der Wissensgesellschaft und zur Ethik künstlicher Intelligenz. Dabei verknüpft sie Ansätze der Kulturgeschichte, Philosophie, Gesellschaftspsychologie, Medientheorie und Wirtschaftsethik.

Sabria David ist Mitautorin des *Slow Media Manifests* (2010), das in zahlreiche Sprachen übersetzt wurde und weltweit Forschungsgegenstand ist sowie der *Declaration of Liquid Culture* (2012). In ihrem Buch *Die Sehnsucht nach dem nächsten Klick. Medienresilienz – wie wir glücklich werden in einer digitalen Welt* (Patmos, 2020) stellte sie ihr Konzept eines umsichtigen und nachhaltigen Umgangs mit Medien vor.

An der Karlshochschule International University in Karlsruhe lehrt Sabria David »Digitale Transformation und Ethik«.

ZUM VERLAG

Der mit dem Deutschen Verlagspreis 2020 ausgezeichnete Frohmann Verlag wurde im Jahr 2012 gegründet, er ist ein Einpersonenunternehmen mit vielen hundert Mitwirkenden. Den Familiennamen der Verlegerin trägt er, um ein Zeichen zu setzen gegen eine Startup-Verlagskultur mit Exitstrategie. Die Arbeit geschieht investorenfrei, Frohmann ist Indie. Im Frohmann Verlag werden neue kulturelle Formen in den Blick genommen, darunter konzeptuelle digitale Literatur und kollaboratives Schreiben im Netz.

Zum Verlag gehören die Wissenschaftsreihe GENERATOR sowie die genuin digitalen Printreihen KLEINE FORMEN und FROHMANN/0x0a.

Die Grenzen zwischen Schreiben, Lesen und Publizieren fließen bei Frohmann stärker, als man es von klassischen Verlagen her kennt – hierin orientiert man sich am Internet. Einige Titel werden ausschließlich als E-Books veröffentlicht, weil sie im Print undenkbar wären.

Der Frohmann Verlag ist Mitglied im Freundeskreis der Kurt-Wolff-Stiftung und bei Verlage gegen Rechts. Christiane Frohmann ist Mitglied des PEN Berlin.

**Christiane Frohmann (Hg.):
Tausend Tode schreiben**
Frohmann Verlag, 2014 (fortlaufend)
DRM-freies ePub, entspricht aktuell
775 Druckseiten, €4,99

Claudia Vamvas: Sitze im Bus
Frohmann Verlag, 2016
Gebundene Ausgabe, 152 Seiten, €19,90

**Sarah Berger: Match Deleted,
Tinder Shorts**
Frohmann Verlag, 2017
Gebundene Ausgabe, 152 Seiten, €19,90

Oliver Grimm: Hefte raus, Diktatur!
Frohmann Verlag, 2017,
Gebundene Ausgabe, 152 Seiten, €19,90

**Christiane Frohmann: Präraffaelitische
Girls erklären das Internet**
Frohmann Verlag, 2018
Gebundene Ausgabe, 148 Seiten,
davon 70 farbige Abbildungsseiten, €29,90

Ianina Ilitcheva: @blutundkaffee
Frohmann Verlag, 2017
Gebundene Ausgabe, 176 Seiten, €19,90

Johannes Schneider: Berlin, abgedichtet
Frohmann Verlag, 2019
Gebundene Ausgabe, 184 Seiten, €20

**Gabriel Yoran / Christoph: Rauscher:
Warum heißt es Traum und nicht
Memoryschaum**
Frohmann Verlag, 2021
Gebundene Ausgabe, 136 Seiten, €20

Hannes Bajohr: Durchschnitt
Frohmann Verlag, 2016
Taschenbuch-Ausgabe, 260 Seiten, €14

**Gregor Weichbrodt / Hannes Bajohr:
Glaube Liebe Hoffnung**
Frohmann Verlag, 2017
Taschenbuch-Ausgabe, 80 Seiten, €10

Nick Montfort: Megawatt
Frohmann Verlag, 2019
Taschenbuch-Ausgabe, 384 Seiten, €18

Nick Thurston: Vom Unterauftrag
Frohmann Verlag, 2020
Taschenbuch-Ausgabe, 160 Seiten, €12

**Lillian-Yvonne Bertram:
Farcen-Generator**
Frohmann Verlag, 2021
Taschenbuch-Ausgabe, 92 Seiten, €12

**Hannes Bajohr (Hg.): Code und
Konzept. Literatur und das Digitale**
Frohmann Verlag, 2016
Gebundene Ausgabe, 262 Seiten, €28
Taschenbuch-Ausgabe, 262 Seiten, €16

Elke Heinemann: E-Lektüren
Frohmann Verlag, 2017
Gebundene Ausgabe, 88 Seiten, €18
Taschenbuch-Ausgabe, 88 Seiten, €12
DRM-freies ePub, entspricht
88 Druckseiten, €3,99

**Jess Tartas & Schwartz:
Gewalt und Poesie**
Frohmann Verlag, 2023
Gebundene Ausgabe, 124 Seiten, €22
Taschenbuch-Ausgabe, 124 Seiten, €14
DRM-freies ePub, entspricht
124 Druckseiten, €6,49